10年後に絶対後悔しない中古一戸建ての選び方

2021〜2022年版

NPO法人 日本耐震防災事業団理事長 小口悦央［監修］

河出書房新社

はじめに

　東日本不動産流通機構（東日本レインズ）によると、２０２０年の中古一戸建ての成約率は前年比２・４％増で、過去最高の成約率となりました。マンションの価格はいまだに高く、中古マンションにおいても成約物件価格は首都圏平均で３５９９万円。一方、中古一戸建ては３１１０万円と大変購入しやすくなっていることが大きな要因です。

　また、新型コロナウイルス禍によりテレワークが広がり、マンションより部屋数を確保しやすいことも後押ししています。本社機能を地方に移転する企業も出てくるなど、職住融合の流れがこのまま定着する可能性も高そうです。

　本書はこうした中古一戸建ての購入を考えている人のガイド本です。マンションとの違いや物件の探し方・選び方にはじまり、住宅ローンの借り方、契約時の注意点、またリフォームや耐震補強工事などについて、一般の人がすらすら読めるように平易な解説を心がけてまとめています。


　中古一戸建てのメリットは価格だけではありません。実際に物件を見て選べるのも、その一つです。また、建設用地が限られる新築物件と違って、希望のエリア、立地で物件を見つけやすいのも利点です。

さらに、リフォームやリノベーションにより、自分好みのオーダーメイドの住まいを実現できますし、土地を資産にできるという心強さもあります。コストパフォーマンスで選ぶなら、やはり中古一戸建てがベストといえるでしょう。

欧米では、中古物件に住むのはふつうのことです。住む人が替わるごとに、自分で手入れをしたり、リフォームを行ったりするなどして新しい価値を生んでいます。結果、何十年も長持ちする住まいになっているのです。中古だからといって、古めかしいわけではなく、最新のＩｏＴ（Internet of Things）に対応した住宅でなければ売れない状況になっているとも耳にします。

日本でも、中古物件の流通を促す政策がいろいろ打ち出されていて、「安心R住宅」といった比較的新しい支援制度も着実に浸透しています。

中古一戸建てというと、耐震性を気にする人もいますが、１９８1年6月1日以降に確認申請がなされた物件であれば、過度な心配は不要です。もちろん、個体差はありますが、耐震性能に不安があるようなら耐震補強工事を行うことで、ほぼ新築並みの丈夫な家にすることができます。一方で、近年は台風や集中豪雨などによる水害や風災も多く発生しています。立地の安全性の確認に加えて、火災保険や地震保険の重要性が以前より増しています。

実際に暮らす人にとって家の本当の価値は、購入時ではなく、住んでから決まるものです。たとえば、銀行が融資してくれるからといって、いたずらに高額な物件を購入しても、その後の暮らしが息詰まるようでは本末転倒です。暮らしながら価値を実感できる住まいが、その人にとってベストな選択のはずです。

不動産会社によっては、とにかく売れたらよしとするところもあります。知識がない人ほど、ターゲットになりやすいのはどんな買い物でも同じです。場合によっては、住宅コンサルタントなど、プロの力を借りることも大事です。

本書もその〝コンサルタント〟の一人です。幸い読者から評価していただき、2004年の初版から今回で7回目の改訂となります。良質な中古一戸建てを購入する際に、少しでも多くの人のお役に立つことを願ってやみません。

2021年5月

NPO法人日本耐震防災事業団理事長　小口悦央

CONTENTS

【2021〜2022年版】
10年後に絶対後悔しない中古一戸建ての選び方

第3章　間違いのない中古一戸建ての判別法

第4章　失敗しないリフォーム・建て替えのポイント

第5章　住宅ローンの借入れと返済計画のアドバイス

第6章　失敗しない契約と法律の知識

第1章

こんなにある！中古一戸建てが断然お得な理由

中古一戸建ての見つけ方

中古一戸建ての価格は〝土地価格〟で決まる

築年数が経っても目減りしない資産価値

新聞のチラシのほか、不動産会社のホームページ、そして全国の中古物件を10万件以上も掲載して、今や住まい探しに欠かせない不動産検索ポータルサイトなど、インターネットの普及で中古一戸建ての物件情報が容易に入手できるようになりました。しかし、それらに記載されている物件価格はどんな根拠で決められているのでしょうか。

中古一戸建ての価格は、基本的に土地価格で決まります。一戸建ての資産価値は建物部分と土地部分の2つの要素で決まりますが、たとえば7000万円の物件だと、土地5000万円、建物2000万円といったように、建物価値は土地ほど高くありません。築年数とともに建物価値は減少し、いずれはほとんどゼロに近くなってしまいます。

地価が大きく下落さえしなければ、中古一戸建ては築年数を経ても資産価値が安定しているのです。

1日でも住めば新築マンションは中古

それにくらべマンションは、物件価格に占める建物の割合が高く設定されています。建物が古くなってくれば、資産価値にも大きく影響します。新築マンションは買ったときには〝新築〟ですが、1日でも住めば〝中古〟に変わります。仮に売却するとなれば、新築というブランドが取れるのに伴ない、その住まいの売却価格はガクンと落ちてしまうのです。

土地価格がすなわち、住まいの価値となっている中古一戸建ては、資産価値の面で下落しにくいという方程式が成り立つのです。

Check! 中古一戸建てと新築マンションの資産価値をくらべてみると…

中古一戸建て	新築マンション
一定年数が過ぎるとほとんどが土地価格	資産価値に占める建物の比率が高い
↓	↓
地価の変動がなければ	1日でも住めば“中古”マンションに早変わり

将来

中古一戸建て	新築マンション
資産価値は変わらない	資産価値が大きく減少

土地価格の上昇傾向は全国に拡大!

路線価変動率（%）

	2020年変動率	2019年変動率	2018年変動率
全　国	+1.6	+1.3	+0.7
東京都	+5.0	+4.9	+4.0
千葉県	+1.2	+1.0	+0.7
愛知県	+1.9	+2.2	+1.5
大阪府	+2.5	+1.9	+1.4

2020年ぶんの路線価は21都道府県で上昇し、全国平均では5年連続の上昇。下落した26県についても19県で下落幅が縮小しています。

※路線価＝相続税や贈与税を計算する際の土地の評価額。
国税庁が毎年1月1日現在の価格標準を7月ごろに発表する。

中古一戸建ての見つけ方

新築マンションの価格には多額の販売経費がオンされている

資産価値と無関係な新築マンションの価格

2020年に首都圏で供給された民間分譲マンションの1戸当たりの平均価格は6083万円。2年連続の上昇で、90年以来の6000万円台に。近畿圏においても、平均価格は前年比8・1%増の4181万円。3年連続の上昇となりました。

こうした新築マンションの価格は、土地の仕入れ費用や建設費、販売のための広告宣伝費、建設資金にかかる利息、営業利益などを積み上げていく、原価積算法を一般にとります。概ね土地代と建設費、諸経費などで8割、利益が1~2割となります。

この原価の中で、デベロッパーが販売のために使うパンフレットや新聞、雑誌、テレビCMなどの広告宣伝費は総売上高の2・5~3%。さらにモデルルームの維持費はもちろん、ほかの不人気物件の販促費用までもが、人気物件にオンされることになります。共用部分のエレベーターの設置費用やマンション敷地内の造成費用も、すべて上乗せされます。

つまり新築マンションでは、実際の資産価値とはあまり関係ないさまざまな要素が含まれた原価をもとに、販売価格が設定されるというわけです。

中古一戸建ては「土地価格」中心

一方、中古一戸建ての広告宣伝費はわずかで、余計な費用の上乗せはありません。そのため、2020年の平均成約価格は首都圏3110万円、近畿圏1867万円。販売価格に占める土地価格の割合が高いため、購入後も地価が下がらない限り、資産価値を維持しやすくなっています。

Check! 原価の積み上げで決まる 新築マンションの価格

新築マンション

資産価値とは無関係な要素が多分に含まれる！

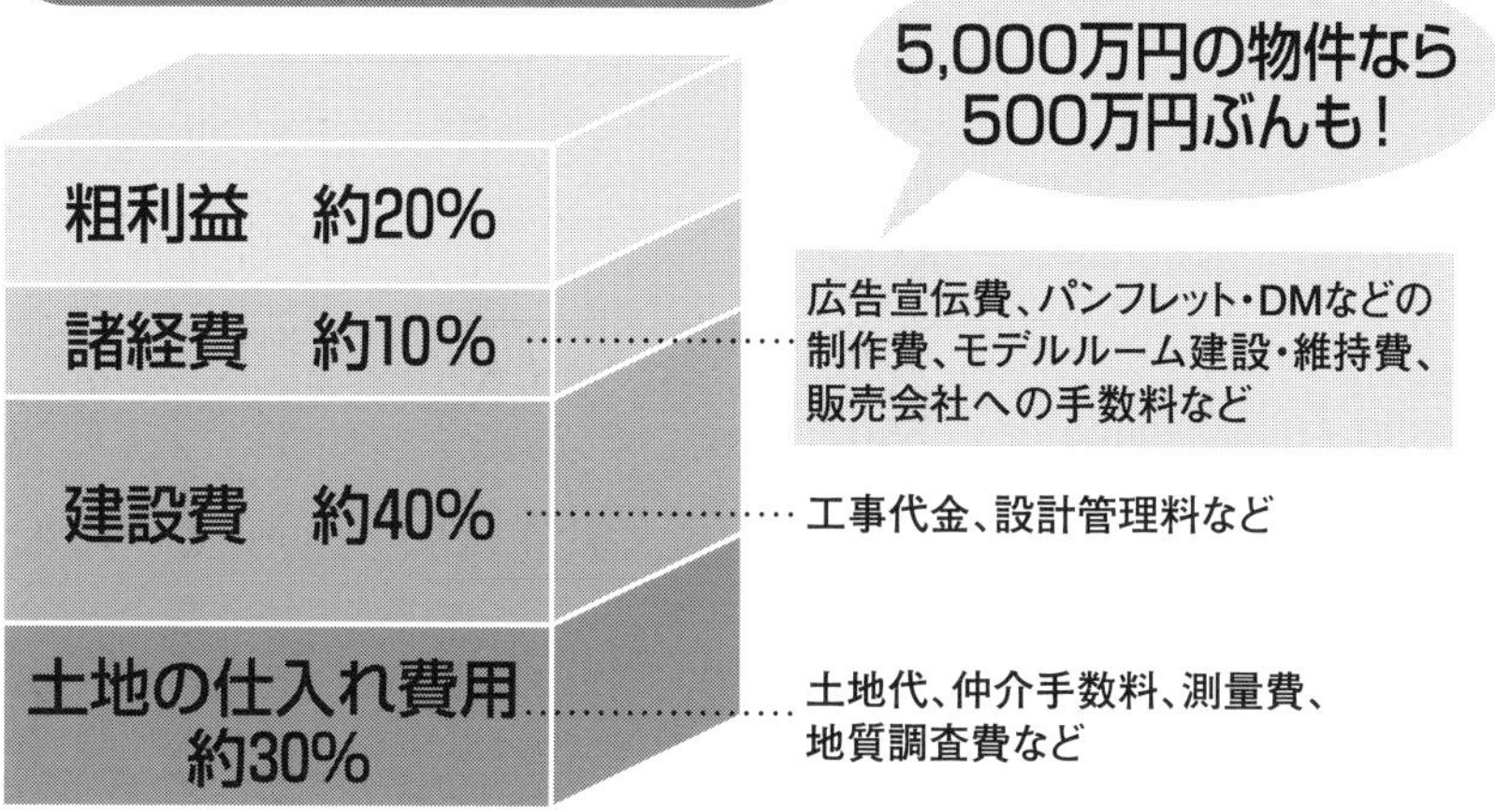

中古一戸建て

余分な原価は上乗せされていない！

広告宣伝費はほとんどゼロ！

販売価格に占める土地価格の割合大

⇓

だから、無駄なく、低いリスクで購入できる！

中古一戸建ての見つけ方

中古マンションとくらべてもリーズナブルで買いやすい

中古マンションは将来の資産価値に不安

中古一戸建ては、中古マンションとくらべても値ごろ感があります。2020年の中古マンションの平均成約価格は首都圏3599万円、近畿圏2337万円。立地等の違いはあるものの、いずれも中古一戸建てより400万~500万円程度高くなっています。

たしかに、中古マンションは交通や設備面では魅力的な物件を探しやすいかもしれません。そのぶん、価格に反映されているともいえますが、将来の資産価値では、中古一戸建てが逆転していることも十分に起こり得ます。

というのも、すでにお話ししたとおり、中古一戸建ての価格では土地価格が占める割合が大きくなっていますが、マンションの価格は市場価値で決まります。

どんなに定期的なメンテナンスや大規模修繕を行ったとしても、築30年、40年のマンションを購入しようと思う人は少ないでしょう。

築年数を重ねるごとに高くなる管理費

後述しますが、住みたいマンションで、近く大規模な修繕や建て替え計画が控えているようなら、修繕積立金だけでは工事費がまかないきれず、一時金の負担を迫られる可能性もあります。

そうでなくても、築年数を重ねていれば管理費や修繕積立金の金額は高く設定されています。中古マンションの場合、一般的に新築価格よりも2割程度安ければ妥当な価格といわれますが、住み始めてから月々かかる費用で逆ざやになるケースも少なくないのです。

Check! 中古マンションの購入が抱える5つ＋αの不安要素

中古マンション購入の落とし穴

その1

資産価値を維持しにくい

年数を経るごとに建物、設備の老朽化の度合いが高まる

その2

買い替えようにも買い手がつかない！

住まいとしての魅力が薄れ、買い手がなかなかつかない

その3

管理費や修繕積立金が高い！

築年数を重ねるごとに毎月の出費が上昇していく

その4

駐車場代が高い！

利便性重視で地価の高いところに建つので駐車場代の相場も高め

その5

大規模修繕などでの一時金の負担も！

積立金ではまかなえず、負担金が発生することも

その他

管理費などの滞納を引き継ぐ危険性も！

売主が管理費や修繕積立金を滞納していると、買主が負担することに

中古一戸建ての
見つけ方

中古一戸建ての購入では、消費税がかからないことが多い

売主が個人なら購入代金には課税されない

中古一戸建ての売主が個人の場合、物件価格に消費税はかかりません。ただし、不動産会社への仲介手数料として、「物件価格の3％＋6万円（上限）」には消費税がかかります。一方、売主が不動産会社などの場合は、建物部分の価格に消費税がかかり、仲介手数料については、間に不動産会社が入っているかどうかによります（土地代は非課税です）。

ただ、中古一戸建ての売主のほとんどは個人のため、消費税のかからないことが多くなっています。

仮に物件価格4000万円、うち建物価格1500万円の物件を購入した場合、新築一戸建てでは150万円の消費税がかかりますが、中古一戸建てを個人から購入した場合は消費税ゼロ。仲介手数料として、1500万円×3％＋6万円＋上記ぶんの消費税＝約56万円かかっても、約94万円少なく済みます。

住宅ローン減税は不利でも、トータルで得

住宅ローン減税については、木造の中古一戸建てでは、築20年以内（耐火建築物は築25年以内）、あるいは築20年を超える場合は耐震性を証明する書類が必要になるなど、要件が厳しめになっています。

また、2022年までに入居する場合、住宅ローン減税の控除額は新築一戸建てなど売主が業者の場合、13年間で最大520万円までですが、売主が個人の場合、10年間で最大200万円までです。

ただし、前記のとおり、後者は消費税がかからないため、トータルで必ずしも不利になるわけではありません。

Check! 売主が「事業者」か「個人」かで消費税がかかるかどうか決まる！

■消費税がかかる・かからない

売主が「事業者（不動産会社等）」か「個人」かによる。
- **不動産会社：課税**
- **個人：非課税**

■3つの取引態様と仲介手数料

広告等に明示されている「取引態様」で判別できる。取引態様とは、当該物件の広告を掲載している不動産会社の立場を示したもの。「媒介」「売主」「代理」の3タイプがあり、物件の購入にあたって仲介手数料の有無が異なる。

媒介（仲介） ◀中古一戸建ての売買で多いのはこれ

広告主の不動産会社が売主と買主の間に仲介業者として入るもの。仲介業者は契約を斡旋するだけで、契約は売主と買主が直接結ぶ。
- **仲介手数料：あり**
- **消費税：売主が個人ならなし／事業者ならあり**

売主（自社物件・販売主）

広告主の不動産会社自体が売主であるもの。中古物件では、住宅を買い取ってリフォームし、販売する業者を指す。
- **仲介手数料：なし**
- **消費税：あり**

代理（販売代理・販売提携）

売主から販売の代理権を委託された不動産会社が販売活動から契約まで行うもの。買主にとっては、実質的に「代理＝売主」となる。
- **仲介手数料：なし**
- **消費税：売主が個人ならなし／事業者ならあり**

プロからのアドバイス

個人が売主になる中古物件の売買では、売主側の不動産会社と、買主側の不動産会社が取引を取り持つことになりますが、取引自体は売主と買主が直接行うことになります。

中古一戸建ての見つけ方

マンションは管理費、修繕積立金など、毎月の支払いが大きな負担

管理費や駐車場代などが大きな負担に

中古一戸建てで、購入後に定期的に支払いが発生するのは、ローンの返済と毎年支払う固定資産税や都市計画税だけです。ところが、マンションはこれだけで済みません。管理費や修繕積立金、マイカーを所有していれば、その駐車場代を毎月支払う必要があります。ローンの返済だけでも大変なのに、これらの負担が重くのしかかってきます。

管理費＋修繕積立金で約2万8000円／月

管理費とは、居住者みんなで利用するエントランスホールや共用廊下の電気代、清掃費用など、日常的に行われる業務の費用。修繕積立金は、建物の維持・メンテナンスや大規模修繕に充てられます。

国土交通省の調べ（平成30年度）によれば、全国の分譲マンションの管理費は一戸当たり月平均1万5956円、修繕積立金は同1万2268円（駐車場使用料等からの充当額を含む）。これらは入居時の金額がそのままというわけではなく、築年数を重ねるとともに値上げされていきます。子どもの教育費負担が増える時期や老後などは、家計に及ぼす影響は大きいでしょう。

また、車を所有していれば、駐車場代もかかります。仮に月2万円だと1年間で24万円もの負担に。今は車を所有していなくても、年をとれば必要になるかもしれません。バイクや自転車の駐輪場でさえ使用料を徴収するところもあります。その点、一戸建てなら、修繕費用は必要ですが、管理費、駐車場代はもちろん無料。この違いは小さくありません。

Check! 中古一戸建てとマンションの購入後の費用の違い

※管理費、修繕積立金は国土交通省の調査による金額、駐車場代は月2万円を想定した場合。

プロからのアドバイス

都心への交通アクセスがよく、駅からも近いマンションは、修繕費用のかかる機械式駐車場を設置するケースが多いので、駐車場代も高めになります。

中古一戸建ての
見つけ方

マンションは大規模修繕や建て替えが行えないリスクも！

大規模修繕だと別途負担金の発生も

まばゆいばかりの新築のマンションですが、時とともに老朽化していきます。定期的なメンテナンスやちょっとした修繕で済むうちはいいのですが、鉄部塗装などの修繕や、外壁や屋根などの大規模な修繕工事が必要となってきます。

そのための費用となるのが、毎月積み立てている修繕積立金です。とはいえ、修繕の規模が大きくなると、それだけではまかなえず、別途負担金の発生や積立金の値上げといったケースも見られます。

個人の考えだけでは建て替えられない

マンションのコンクリート構造の寿命は60年程度といわれています。一般に建て替えの実施が検討され始める築30年超の分譲マンションの戸数は令和元年末で213・5万戸ありますが、令和2年4月1日時点での建て替え件数（実施準備中含む）はわずか295件（棟）。1棟当たりの戸数は約50戸ですから、295棟×50戸÷213・5万戸＝約0・7％しか建て替えが実施されていないことになります。経済的な理由で賛成派と反対派に分かれ、話がまとまらないことが主な原因です。

マンションは居住者全員のもの。建て替えでは区分所有者の5分の4以上の決議が必要で、個人の考えだけでは事が進みません。仮に建て替えが決まれば、自分の懐具合にかかわらず建設資金を負担して建て替えに参加するか、経済的な余裕がなければ、区分所有権と敷地利用権を時価で売り渡して退去するしかないのです。

Check! マンション建て替えに伴う代表的なトラブル

トラブル1

賛成派と反対派が対立！

住民同士が気まずい関係になることも

トラブル2

決議までに5～10年かかることも！

会議への参加など、多大な労力を費やすことに

トラブル3

建設費の追加負担金が発生！

敷地に余裕があれば、建て替え時に住戸を増加・売却して、建築費がまかなえる。しかし、現在の新築マンションにゆとりがあるところは少ない

仮に決定しても・・・

建て替え決定

資金の手当てが必要

- 追加負担金が発生。手持ちの資金がなければ新たなローンを組むことも
- 建て替え期間中は仮住まいが必要。家賃のほか、引越し費用もかかる

退　去

- 建て替えに賛成できなかったり、費用のめどがつかなければ売却して退去

中古一戸建ての見つけ方

中古一戸建てはモデルルームでなく、実際の物件を見て選べる

モデルルームは見せかけの住まい

これから末永く住むことになるマイホームですから、物件は隅々までチェックしたいものです。ところが、新築マンションではそうはいきません。新築マンションは多くの場合、建物が完成する前に販売を開始します。そのため、モデルルームの見学で購入を判断することになるからです。

モデルルームは販売目的のいわばショーケースです。そのため、有料で選択する豪華なオプションをフル装備していたり、必要以上に高価なインテリアで飾っていたりするなど、実際に購入する住戸とは大きな開きがあります。

その見せかけのイメージにだまされて、うっかり契約してしまうと、後悔することになりかねません。

物件が完成した段階になって、その差に愕然とし、トラブルになるケースも起きています。しかもモデルルームでは、全タイプの部屋を用意しているわけではありません。人によっては、部屋の広さも体感できずに購入することになります。

実際の住まいを確認できるから安心

一方の中古一戸建ては、実際に現物を見て、購入を検討することができます。パンフレットなどの詳しい資料はなくても、壁を触ったり、床をたたいたりするなど、自分の五感で品定めできます。

さらに周辺環境や暮らしやすさについても、近隣の人や実際に住んでいた売主から生の声を聞くこともできます。駐車場付きならマイカーを持ち込んで、出し入れがスムーズに行えるかも確認できます。

Check! 中古一戸建てと新築マンションの物件チェックの違い

新築マンションでは

モデルルームでしか判断できない！

設備や内装仕上げはオプション
標準仕様とはまったく違った豪華な住まい

見られるのは、せいぜい2〜3タイプ
実際に購入するものとは広さも仕様も違うことが多い

➡ **偽りの住まい**
住み心地をイメージできない！

中古一戸建てでは

実際の住まいを五感でチェック！

建物外観や内部を確認できる
現地に行って実際の住み心地を確かめられる

周辺環境、隣家との関係もその場で
敷地の境界など隣家との関係を確認できる

ご近所や売主から情報収集
住んでいる人たちから生の声を聞かせてもらえる

➡ **実際の住まい**
住み心地をイメージできる！

プロからのアドバイス

新築一戸建ての場合でも、建物が完成する前に売り出される「青田売り」がほとんど。新築マンションと同様に、図面やパンフレットから住み心地をイメージするしかありません。実際の住まいを確認して物件選びができるのも、中古一戸建てのメリットです。

中古一戸建ての見つけ方

新築一戸建てより住みたい場所で物件を探しやすい

気に入った街で資産価値の高い住まいを

土地は埋め立てでもしない限り、新たに生み出すことはできません。そのため、住環境の整った住宅地での新築一戸建ての供給数は限られてきます。

仮に売り出されていたとしても、高い土地代プラス建築費という価格では、よほどの収入やまとまった資金がない限り、購入するのは難しいでしょう。

そこで注目したいのが中古一戸建てです。立地条件のいい都心や市街地、交通や生活の利便性がいいエリアでも多くの物件が存在します。

庭付きの一戸建てを安く手にするなら郊外エリア、利便性を求めるなら広さはがまんして都心の駅近に……そんな物件探しの方程式を当てはめることなく、両者の希望をかなえることも可能なのが、中古一戸建てなのです。気に入った街で資産価値の高い住まいを手にできるのです。

価格は土地代といった感覚で割安

価格も新築にくらべれば割安。築20年以上も経過していると、建物の価値はゼロに近くなりますから、物件によっては、実質、土地代だけの感覚で一戸建てを手に入れることができます。

資金的にゆとりがあればリフォームしてもいいですし、そうでなければ、最低限の生活上欠かせない不具合だけを修繕して住み始めることもできます。もちろん自分の土地ですから、何年か経って、好みの住まいに建て替えるのも自由です。

新築・中古マンションにくらべ、こうしたメリットのある中古一戸建てを見逃す手はありません。

Check! 中古一戸建てなら住みたい街でマイホームが持てる

中古一戸建てだから可能なそのワケ

その1

住環境の整った街で供給あり！

新築の供給は少ないが、
中古なら探せる
可能性十分

その2

土地代だけの割安価格で購入できる！

新築では手が出ないが、
中古なら
土地代だけの割安物件も

その3

建物があるのですぐに引越せる！

建築に伴う
わずらわしさもなく
すぐに住める

その4

購入後の選択肢も広い！

リフォームや
建て替えるのも、
そのまま住むのも自由

プロからのアドバイス

住環境のよい住宅地や人気のエリアではなかなか新築一戸建ての供給は望めません。土地を手に入れるつもりで築年数の古い物件を購入し、建て替えるのも一つの方策です。

中古一戸建ての見つけ方

中古一戸建てとマンションでは「所有権」にこんなに差が出る

専有できるのは住戸の内部だけ

一戸建ては、土地と建物すべてが自分の所有となることが多いですが、マンションは違います。建物では個人の所有である「専有部分」と、居住者全員の所有となる「共用部分」に分かれます。

専有部分となるのは、コンクリートの壁の内側・床・天井・玄関ドア・窓に囲まれた内側の空間です。床、玄関ドアの外側、窓枠・窓ガラスそのもの、またバルコニーなどは専有部分とはならず、共用部分になります。このほか共用部分は、居住者みんなで利用する部分で、外の廊下や階段、エレベーターや屋上、エントランスなどが該当します。

壁紙の交換などリフォームできるのは専有部分のみ。共用部分は勝手に手を加えられませんから、エアコンを取り付けるために壁に穴を開けたり、玄関ドアを自分の好みで取り替えることはできません。マイホームと呼ぶには少し制約が多いかもしれません。

土地の権利は居住者全員の共有に

一般に、一戸建てでは所有者が土地の権利を独占できますが、マンションでは居住専有面積に応じた区分所有権となります。つまりは居住者みんなで分け合って、所有するという考え方です。

マンションの建物の償却期間は47年間。年数を経るにつれ、資産価値は建物より土地主体となります。建物価値は下がり、土地は共有。こうした権利関係では、資産価値を維持するのは難しいといわざるを得ません。

Check! 土地の権利があれば老後生活のリスクヘッジも万全！

新築マンション	中古一戸建て
老後に置かれる状況	
●固定資産税などの税負担 ●毎月の管理費や修繕積立金が年々上昇 ●建て替えのための建設費の負担金発生の可能性あり ●マイカーを所有すれば駐車場代が発生	●必要なのは固定資産税などの税負担だけ ●しかも建物の評価額がゼロに近くなるので税金が安い ●駐車場代がかからない
毎月の出費&将来の不安	
大	小

さらに一戸建てでは、土地の権利を独占できるので…

・築古物件でも高い価格で売却しやすい
・自宅を担保に老後資金の融資を受ける「リバースモーゲージ」でも高評価（マンションでは審査に通らないことも）

中古一戸建ての見つけ方

中古一戸建てなら固定資産税でも得をする

毎年かかる固定資産税と都市計画税

住まいを所有していると、毎年かかってくるのが固定資産税と都市計画税です。毎年1月1日時点の不動産所有者に、4月ごろ納税通知書が送られ、期日までに納めるのが一般的です。

ともに土地と建物にかかり、固定資産税評価額に一定の税率をかけて算出されます。固定資産税の税率は通常1・4%、都市計画税は都市計画区域内にある住まいにかかる税金で、上限は0・3%となっています（ともに市区町村によって違いがあります）。

土地についての固定資産税は200平方メートルまでは課税標準額が6分の1に、それを超える部分は3分の1に軽減。また都市計画税は同様の広さで3分の1と、3分の2の軽減措置が受けられます。

一戸建ては建物評価額が低く税金が安い

算出の基準となる固定資産税評価額は、一般に土地は時価の7割程度、建物は建築費の5～6割程度と見られ、3年に1度、見直しが行われます。ここで問題になるのが、建物についての評価額です。

マンションの場合、価格のかなりの部分を建物が占めるので建物の比率が高く、しかも40年以上と償却期間が長いのでなかなか評価額が低くなっていきません。それにくらべ一戸建ては建物部分の持ち分が少なく、どんどん償却されて、20年も経てば建物部分の税金はかなり安くなります。

また、土地についてもマンションの場合は、自分の所有である専有部分のほか、共用部分についても各戸が専有面積に応じて負担しなければなりません。

Check! 新築マンションと中古一戸建ての30年間で見た固定資産税・都市計画税の違い

物件価格2,050万円の固定資産税評価額の例（東京都練馬区）

新築マンション　　中古一戸建て（築11年）

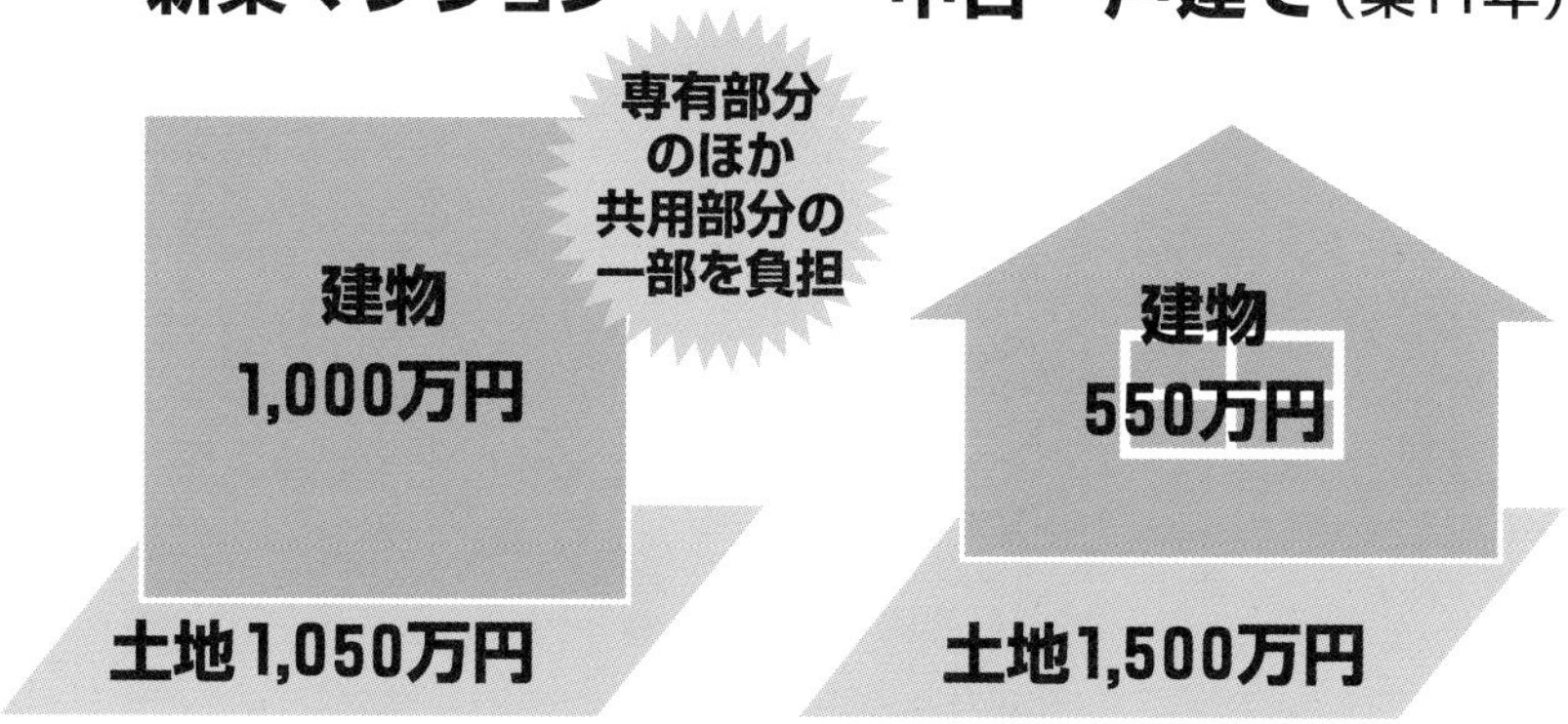

30年間で
税額の合計は

固定資産税＋都市計画税

新築マンション：約320万円

購入当初は軽減措置があるため税額は低め。
ところが3～5年後にグンと上昇

中古一戸建て：約270万円

築11年の建物の評価額が低いため、税額自体が安く抑えられる

※土地部分の評価額は変わらないものとして試算
※2物件の評価額の総額が同じとして試算

中古一戸建て
図鑑❶
［災害対策］

築年数が経っても心配なし！災害に強い家にする補強ポイント

一戸建ての天敵ともいえるのが「地震」と「水害」です。家をなるべく長持ちさせるためにも、地震対策と水害対策は必須になります。

地震対策

1995年に起こった阪神・淡路大震災では、死亡原因のうち「窒息・圧死」による死者が77％にのぼりました（厚生省大臣官房統計情報部）。2011年の東日本大震災では、死者の多くが津波によるものでしたが、その次に多かったのが「圧死・倒壊死・その他」でした（岩手県・宮城県・福島県。内閣府資料）。

地震大国である日本に住む以上、地震に襲われる危険性はつねに伴います。上図のように、建物倒壊のメカニズムは主に3つのパターンがあります。

倒壊のメカニズム① 耐力壁がない

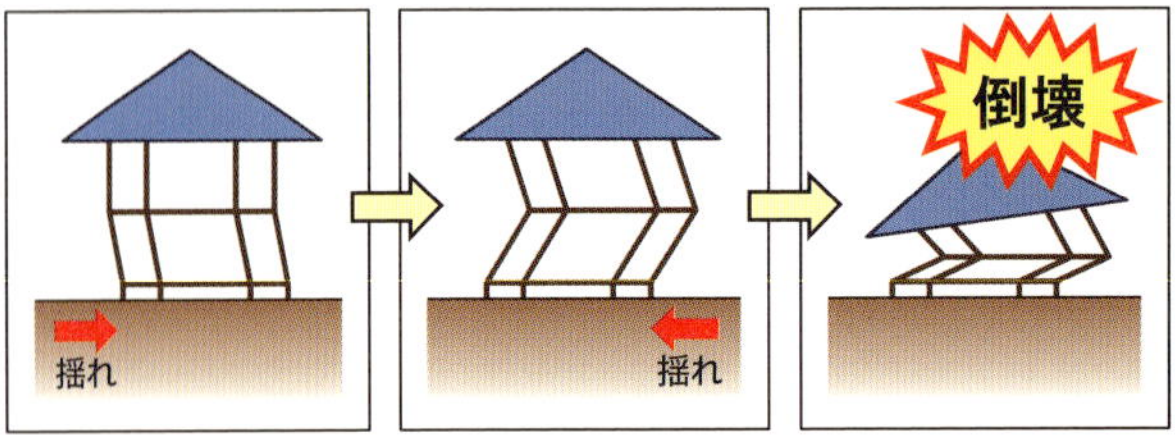

予防するには？

Answer 筋交いと金物で補強！

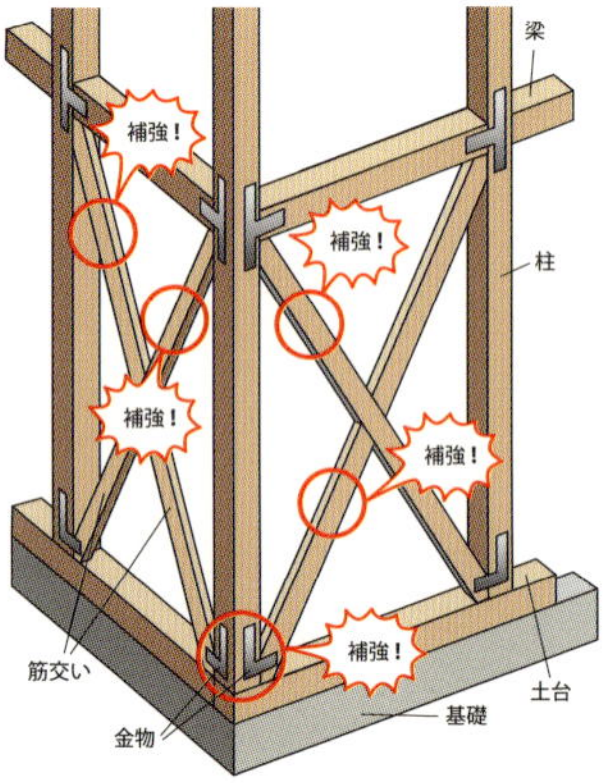

補強ポイント

梁と土台の間に2本の柱を×字形にはめ込んで、耐力壁をつくります。筋交いと柱、梁との接合部分は金物でしっかりと止めます。

36ページ参照

倒壊のメカニズム② 縦揺れ

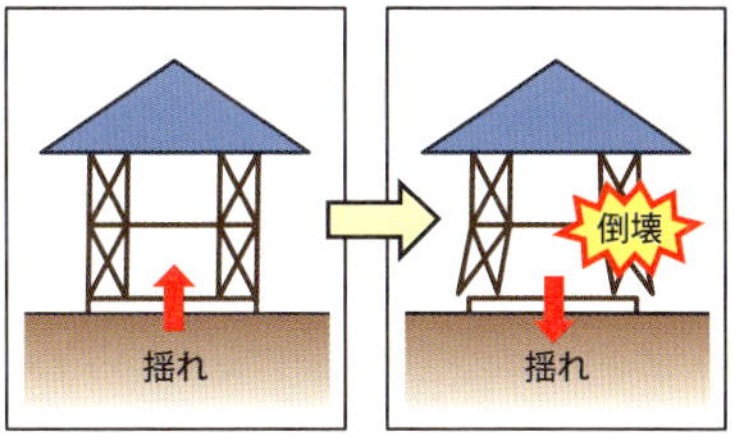

予防するには？

Answer ほぞ抜けを補強！

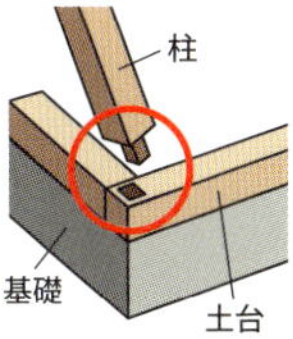

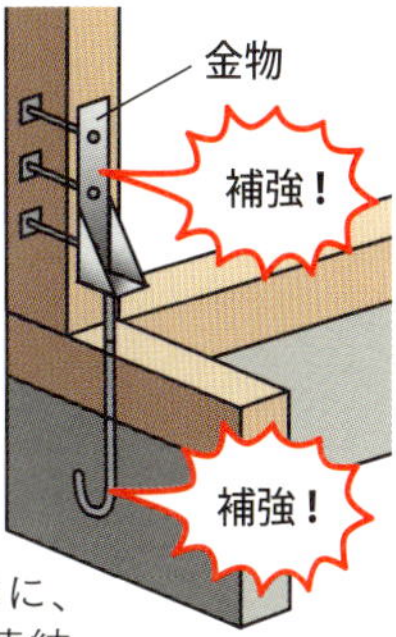

補強ポイント

ほぞ抜けが起きないように、柱と基礎部分を強固に連結するために「ホールダウン金物」という金物で補強します。

倒壊のメカニズム③ 横揺れ

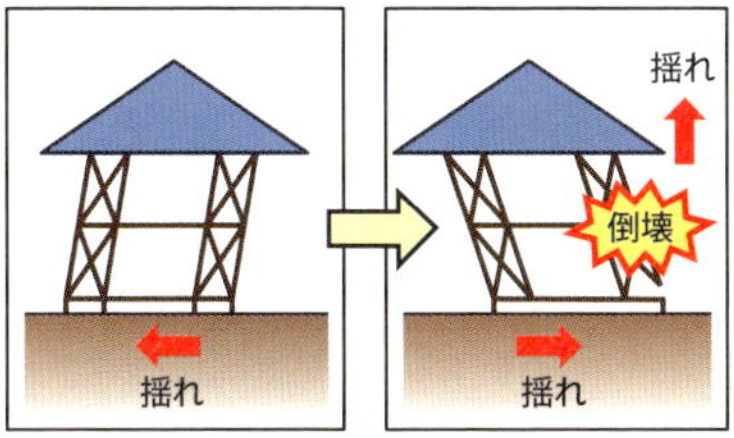

予防するには？

Answer 腐った木材を取り替え！

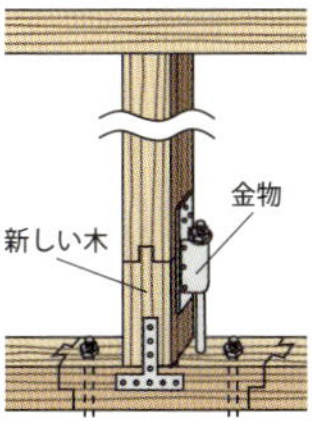

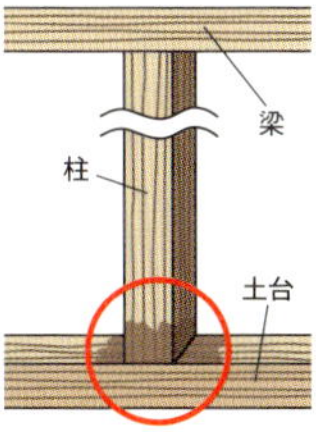

補強ポイント

屋根や外壁からの漏水、結露などで土台の木材が腐ってしまうと、強い揺れには耐えられません。こちらも「ホールダウン金物」などの金物を使って補強します。

①は壁に耐力がなくて揺れに耐えられないパターンです。防止策としては、34ページの図のように、筋交いと金物で補強するのが基本です。従来は内装や外装の仕上げ材をはがすなど、大がかりな工事が必要でしたが、最近は現在の家の外壁にそのまま取り付けるだけで耐震補強できる工法も生み出されています（36ページ参照）。

②は激しい縦揺れにより、柱が土台から抜ける「ほぞ抜け」という現象による倒壊です。防止策としては、柱と土台を金具でしっかり補強します。

また、湿気やシロアリの被害によって土台の木が腐るなどして、激しい横揺れで家屋が倒壊する、③のパターンがあります。こちらも新しい木材を添えたうえで、金具で補強します。

実例

技術革新が進む耐震補強工事！安価な工法も登場

近年、耐震性だけでなく、コスト面や建物の美観にやさしい耐震リフォームが提案されています。その一つとして、ここでは「パワーウォール」を取り上げます。34ページで紹介した耐力壁の最新工法で、従来の工法よりも耐久性でも優れることから、全国で普及が進んでいます。

▶パワーウォールの施工事例

庭に面した窓ガラスの横にパワーウォールを設置。ダクトがあっても設置が可能。

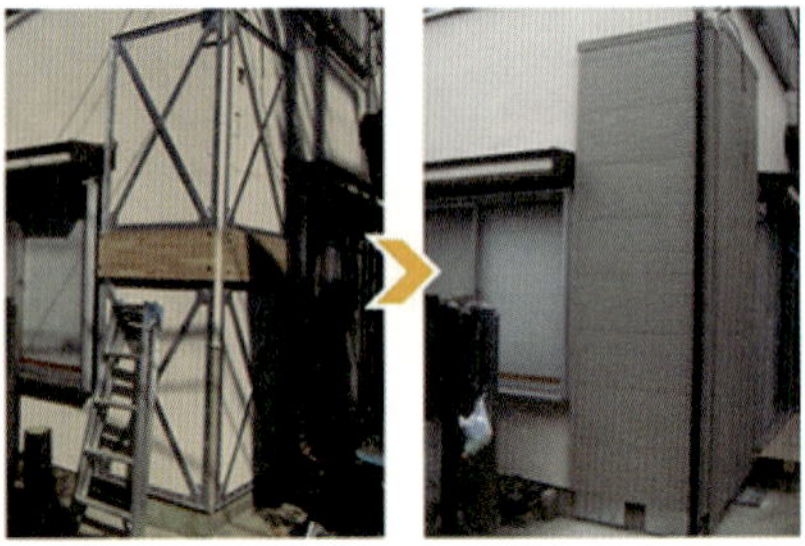

角面にパワーウォールを2つ取り付けることで、補強度をよりアップ。

▶パワーウォールの特徴

特徴❶
外壁補強のため
住みながら工事できる

特徴❷
解体作業がほとんどなく
安価で施工が可能

特徴❸
工法が簡易なため
工期期間が短くて済む

特徴❹
従来の耐震法にくらべ
耐震性に優れている

十数年の歳月をかけて開発。何度にもわたる実証実験で、耐震性が証明されている。

浸水を予防するための対策

【対策①】かさ上げ

盛り土などによって敷地全体を高くする方法。自宅の敷地が周囲の道路などより低いところにある場合は、とくに施しておきたい対策。

【対策②】高床

家の基礎自体を高くする方法。床を地面と離すことで浸水を防ぐ。また、1階をピロティ状の空間にして、基礎を高くする方法もある。

【対策③】囲む

防水性の塀で家を囲む方法。陸閘と呼ばれる開閉可能な門扉を設けたり、止水板を設置して浸水を防ぐ。

【対策④】建物防水

防水性の外壁を設ける方法。外壁自体を耐水性のある建材にし、防水性のある外壁塗装を施すことで浸水を防ぐ。

駐車場の水害対策

一般的な駐車場は、浸水を防ぐために2％ほどの勾配がつけ、水はけをよくしています。ハザードマップで浸水予想を確認し、不安な場合は勾配を3～5％に。ただし、水はけ自体が悪いと逆に被害を招くので、物件の購入前に確認を。このほか、止水板などを設置する方法もあります。

【対策①】傾斜をつける

勾配2％とは、奥行5mの駐車場の場合、10㎝の高低差をつけること。勾配5％なら高低差は25㎝となる。

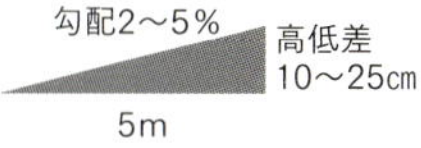

【対策②】止水板の設置

駐車場が半地下や地下にある場合、出入り口に止水板を設置することが有効。土嚢でもかまわないが、止水板のほうが楽。

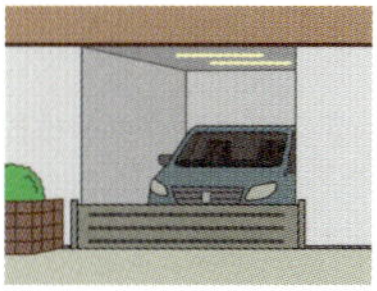

水害対策

近年、河川の氾濫による水害で甚大な被害が発生しています。2020年8月の台風を起因とした九州の水害では、市街地に降った大量の雨が河川などに流れ込まず、地表にたまる内水氾濫と呼ばれる被害も多発しました。

ゲリラ豪雨なども増え、今や水害はすぐそばにある危険です。物件選びでは、この水害のリスクも考えなければなりません。

ハザードマップ（88ページ参照）を確認して、リスクの高いエリアでの購入はなるべく避けるとともに、できれば上図の「対策③」のような止水版を設置したり、火災保険（176ページ）で建物、家財ともに水災の補償を付けたりするなど、対策が必要です。

年代別
間取り

ライフスタイルに合わせて暮らしやすい間取りを選ぼう！

〈～1990年前後〉

1F
玄関を住居のセンターに配置し、
和室とLDKを分離。
キッチンが
独立タイプに

2F
「田の字」型の
間取りから、
中廊下を配した
間取りプランに

参考
1970年代「田の字」型
玄関から中廊下がまっすぐ伸び、居室を「田の字」のように配置する間取り

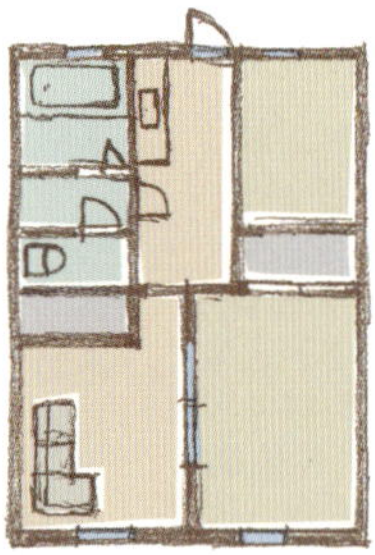

部屋の広さと位置、動線に注目

住まいは広さだけでなく、間取りも暮らしやすさに大きく影響します（92ページ参照）。ここでは、新旧の間取りを簡単に紹介しましょう。

戸建て住宅の間取りは、年代ごとに広さや位置などが、およそ上図のように変化してきました。

近年は、生活の中心であるリビングダイニングを南側に設け、同じ空間に対面式やアイランド式のキッチンを配置。家族とのつながりを感じることのできる間取りが多くなっています。また、キッチン―水回り―収納など、移動のしやすい動線かどうかが重視されるようになっています。

〈1990～2000年頃〉

1F
キッチンは対面式が登場。和室は接客用に1室と減少。リビングを中心とする間取りプラン

2F
中廊下が減り、クローゼットなどの収納が充実

参考 **学習コーナー**
リビング内にカウンターをつくり、目の届くところで勉強する習慣をつけることが可能

〈2000年前後～〉

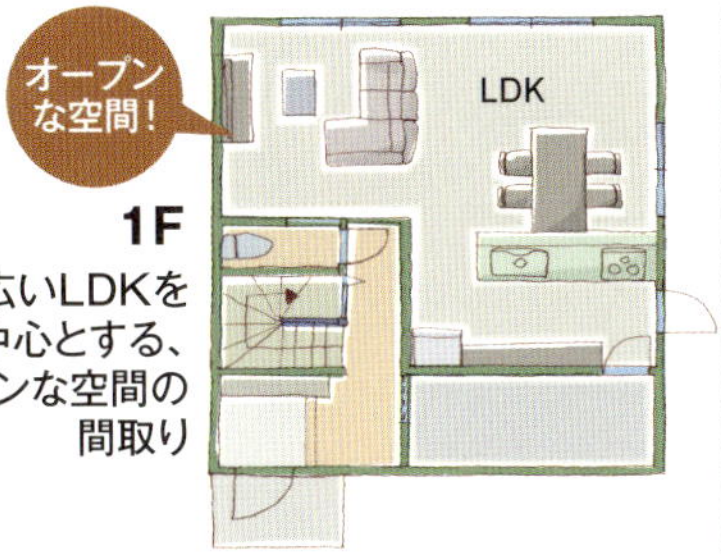

1F
広いLDKを中心とする、オープンな空間の間取り

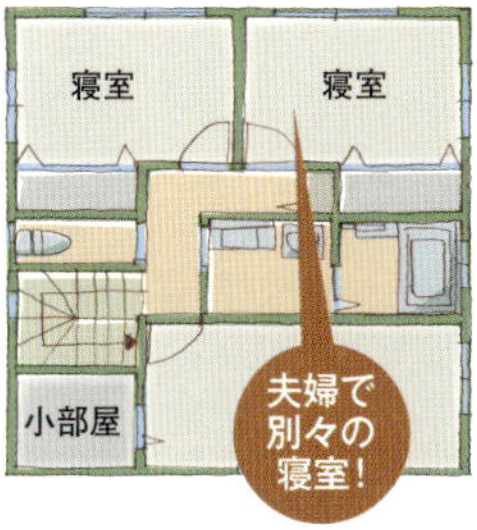

2F
夫婦が別寝室を設けるケースが増加。趣味のための小部屋を設けることも

参考 **平屋**
階段を使わないため、楽に生活できる。庭があれば自然とふれ合えるのもメリット

リフォームも視野に確認を

中古一戸建ては、リフォームの自由が利くといっても、水回りの位置自体を大きく移動させるような工事は、費用が高額になります。また、将来、建て替えも視野に入れている人は、建築基準法などで制限されるケースもあるので、購入前に確認しておきましょう。

とくに購入と同時にリフォームを考えている人は遠慮せずに、内見時から細かな点までよく確認しましょう。購入してから計画を立てているのでは、工事の開始まで時間がかかり、結果的に実際に住めるようになるのが先になるため、そのぶん、家賃等の負担も余計にかかります。

次ページから全面リフォーム例をいくつか紹介します。第4章もあわせて参考にしてください。

全面リフォーム例

CASE 1

愛着を持って住み続けられるイメージどおりの家を実現

1

「海外のように家の価値を高めて、長く住み続けたい」という思いから、中古一戸建てを購入して全面リフォームを実施。シンプルモダンなだけでなく、スムーズな動線を確保。天井部分は吹き抜けとし、陽光が射し込む開放的な空間を実現した。

DATA
◇築年数：25年
◇リフォーム内容：全面リフォーム
◇工事費用：約2,203万円
◇工事期間：約120日間

施工アイデア

以前の階段を架け替えてスケルトン階段としたかったが、建物の構造上難しいため、居室側にガラスを入れて開放感を演出。キッチンからバックスペースにつながる回遊式プランの間もガラス扉で仕切ることによって、家全体のつながりを持たせた。

POINT

①写真ではわかりづらいが、天井部分が吹き抜けとなっている。シンプルな色使いにも注目。
②キッチンは使い勝手も重視して、家事動線がスムーズになるよう回遊式に。奥にはパントリーを設置。
③パントリーからデスクスペースへと続いていて、さらに④の2階ホールへとつながる。部屋全体として動線がスムーズ。
⑤1階はこだわりのオーディオルーム。音響を重視して長方形の間取りに。もちろん遮音性能も確保。
⑥⑦玄関から靴のまま入れるシューズクローク。靴だけでなく、衣服や傘を掛けるスペースも設置。床を玄関と同じ素材にすることで一体感を持たせた。

※リフォーム設計・施工会社：東京ガスリノベーション株式会社（連絡先は222ページ）

全面リフォーム例

CASE 2

緑が豊かな住み慣れた街で 昭和のよさを活かしたレトロモダンな家

昭和の雰囲気が残る家に住みたいという希望をかなえるため、リノベーションを前提に、物件探しからリフォーム会社と相談。昭和感を活かしつつ、耐震面や断熱性はしっかり改善し、古きよき味わいと暮らしの快適性を両立させたレトロモダンな家とした。

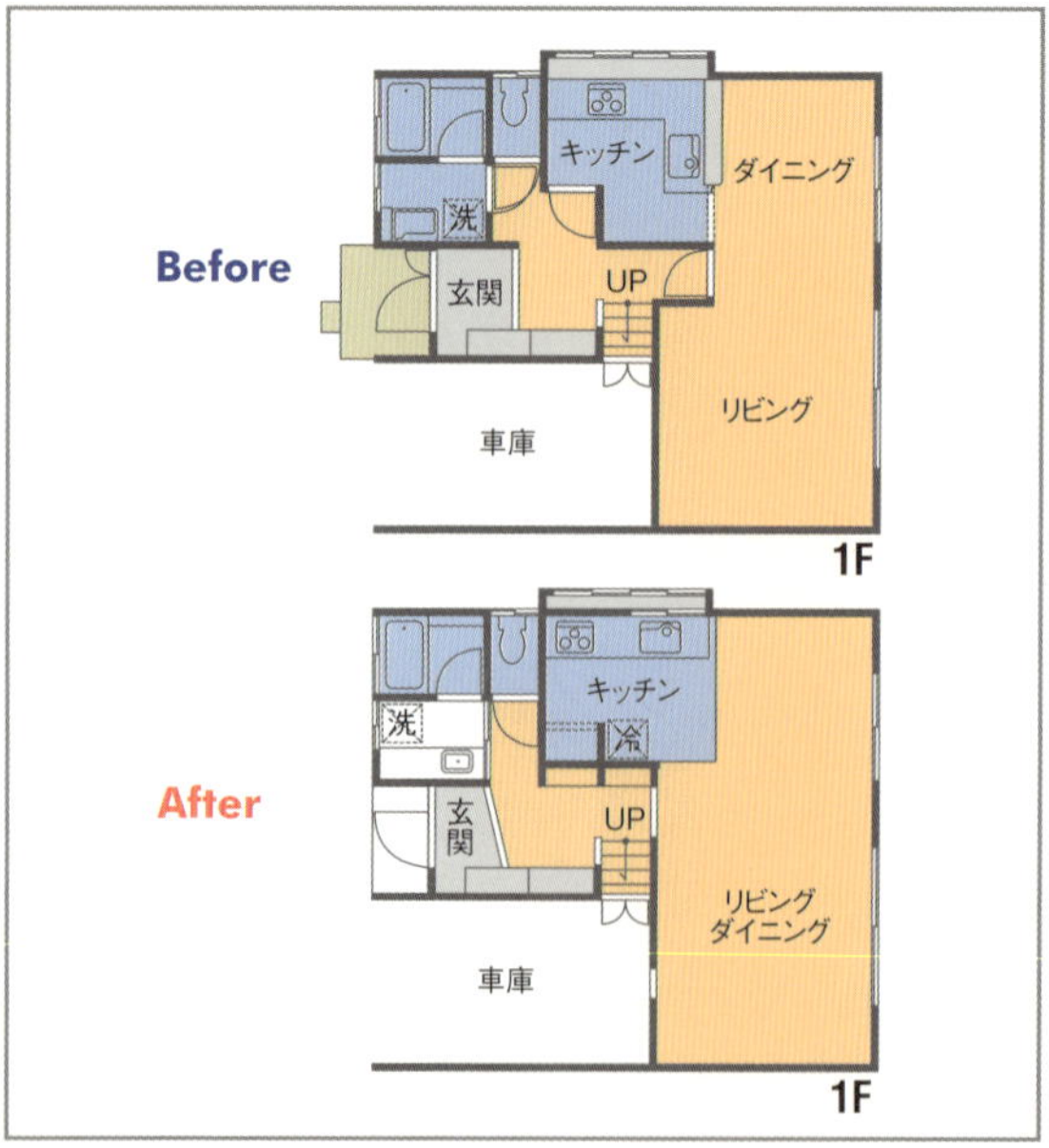

DATA

◇築年数：35年
◇リフォーム内容：全面リフォーム
◇工事費用：約1,579万円
◇工事期間：約75日間

施工アイデア

以前はL字型キッチンで壁に囲まれていたが、壁を取り除いてダイニングとつなげることで広がりが生まれた。

POINT

①玄関ホールの一部をLDKに取り込み、凹凸をなくしたことで、広々とした空間を実現。日本家屋ならではの落ち着いた明るさを目指しつつ、暗くなりすぎないよう壁は白をベースに、アクセントクロスとして一面をブルーとした。
②風情ある木製面格子と出窓を残し、キッチン自体はカウンターとフレーム枠で構成されるシンプルなステンレス製のオープン収納を採用。物の場所がひと目でわかることに加え、風通しもよくカビづらい。
③本物の木を使用した玄関ドア。框を斜めにとったことで、デザイン性がアップ。
④⑤リビングからも愛車を眺められるように小窓を新設した。
⑥鏡からコンセントに至るまで、生活スタイルをシミュレーションしたうえで位置を決定。
⑦トイレは、ヘリンボーン柄のフローリングがアクセントに。

※リフォーム設計・施工会社：東京ガスリノベーション株式会社（連絡先は222ページ）

全面リフォーム例

CASE 3

ご夫婦の夢を現実に！地域の人が気軽に集える我が家

大量の蔵書を地域の人たちに開放するため、リビング壁面に書棚を設けライブラリーコーナーに。将来的には、コミュニティカフェの運営も考えていることから、庭から出入りできるパブリックエントランスを設け、キッチンは独立型２シンクとした。

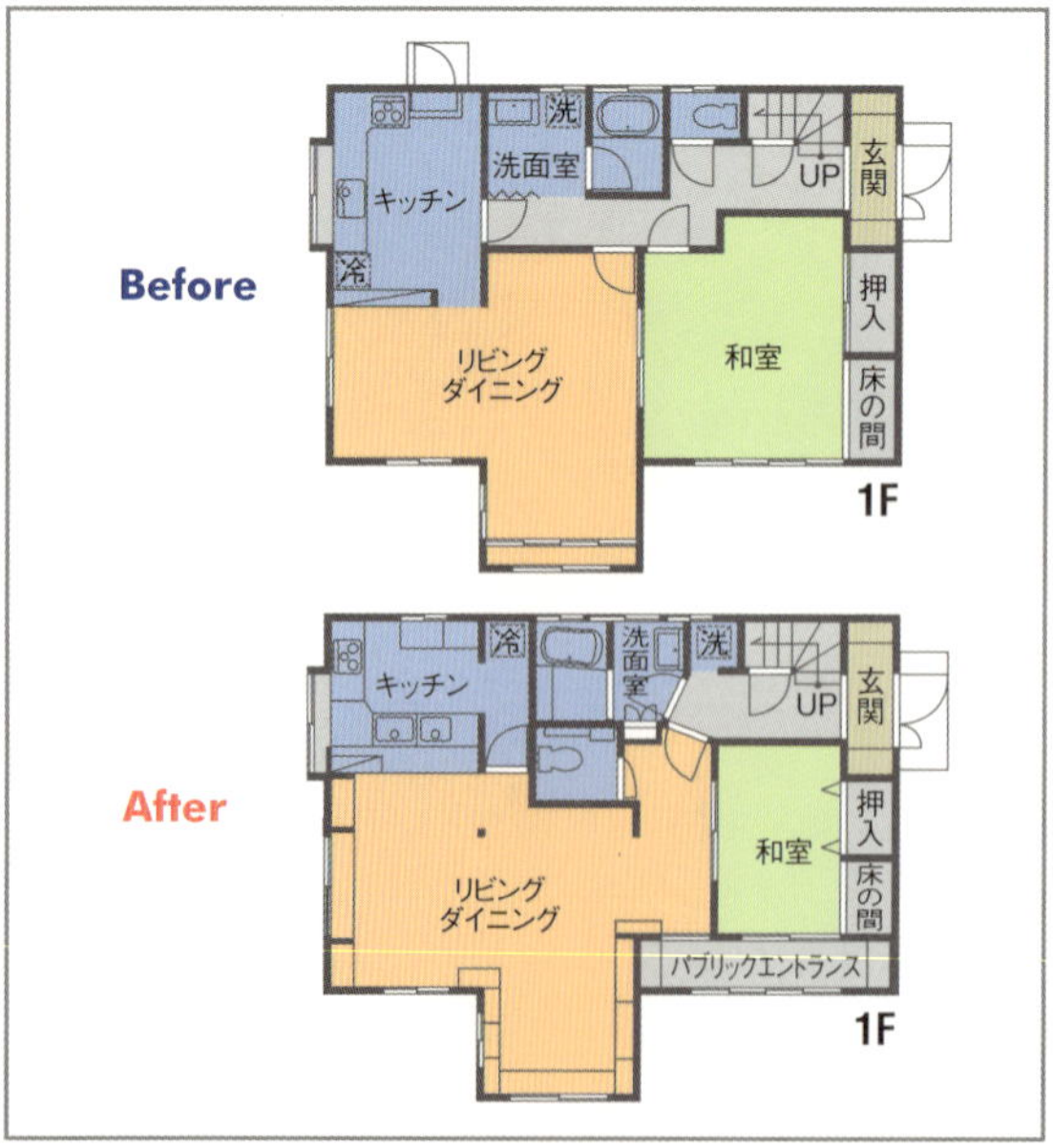

DATA

◇築年数：33年
◇リフォーム内容：全面リフォーム（1F）
◇工事費用：約1,045万円
◇工事期間：約75日間

施工アイデア

庭から家に直接出入りできる土間エントランス（写真右）。車イスの人も気兼ねなく立ち寄れるようにスロープも設置した（写真左）。

POINT

①リビングの凸部分をリフォームで、オープン書棚のスペースに。本を読むためのベンチも置き、図書館のような空間を生み出した。
②将来的には、コミュニティカフェとして運営できるように、キッチンは独立した配置に。既存のコンロを再利用しつつ、保健所の基準に対応できるよう2シンクとした。
③開放的なダイニングの壁面にも書棚を設置。
④趣味は合唱という奥さまが仲間と気兼ねなく練習ができるように、二重窓を取り付け、防音対策も万全。奥に見えるのは小上がり和室。
⑤トイレの入り口は、車イスでの出入りも考えて広めにとっている。扉には特注サイズのオーダー品。
⑥保健所の指導により、カフェの運営に備えて、キッチンとカフェスペースのそれぞれに手洗い場を設置（写真はカフェスペースの洗い場）

※リフォーム設計·施工会社：東京ガスリノベーション株式会社（連絡先は222ページ）

中古一戸建て
図鑑❸
［データウォッチ］

■三大都市圏の中古一戸建ての対新規登録成約率（2020年）

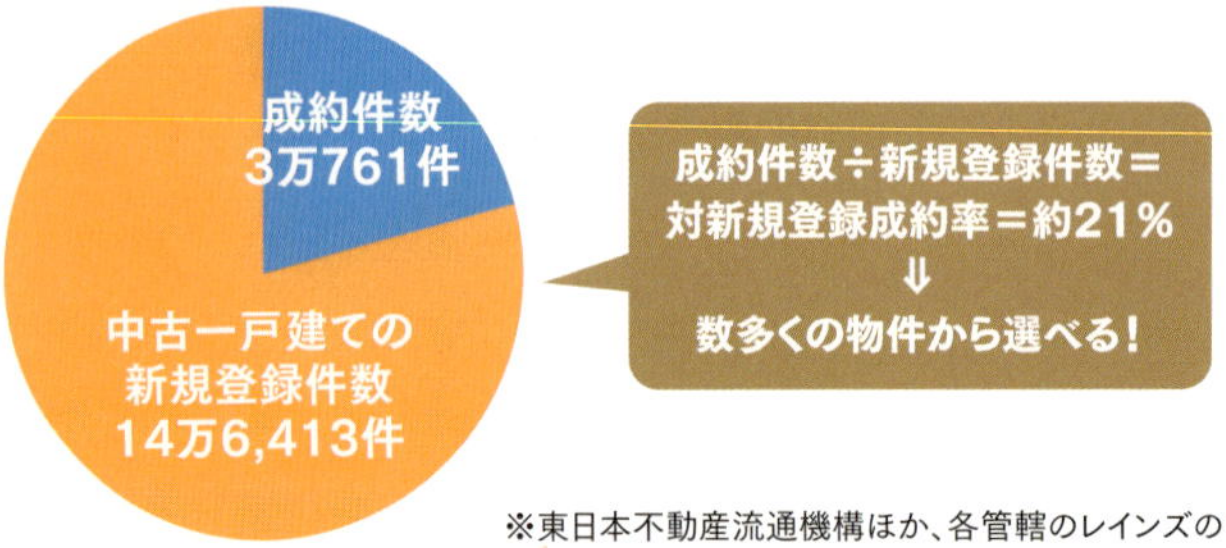

※東日本不動産流通機構ほか、各管轄のレインズの中古一戸建て登録数

■築年数別に見た中古一戸建ての平均成約価格（2020年10〜12月／首都圏）

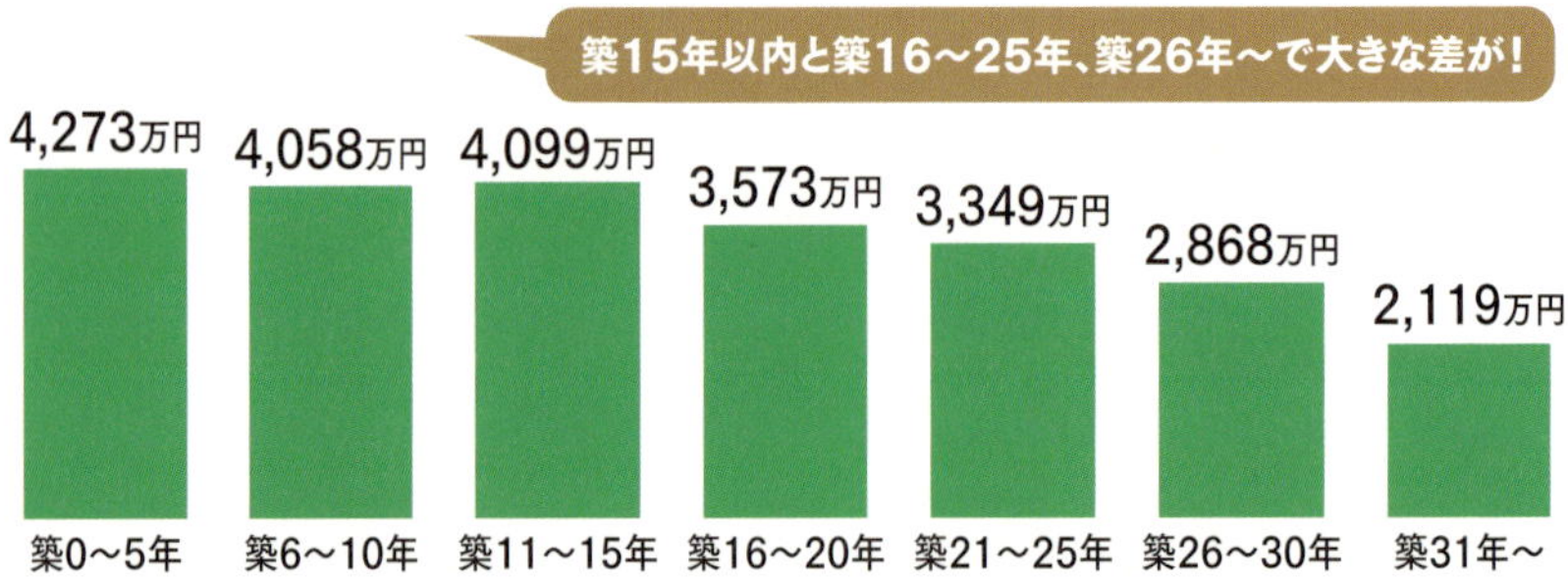

※東日本不動産流通機構（東日本レインズ）調べ

■築年数別に見た中古一戸建ての成約状況（2020年10〜12月／首都圏）

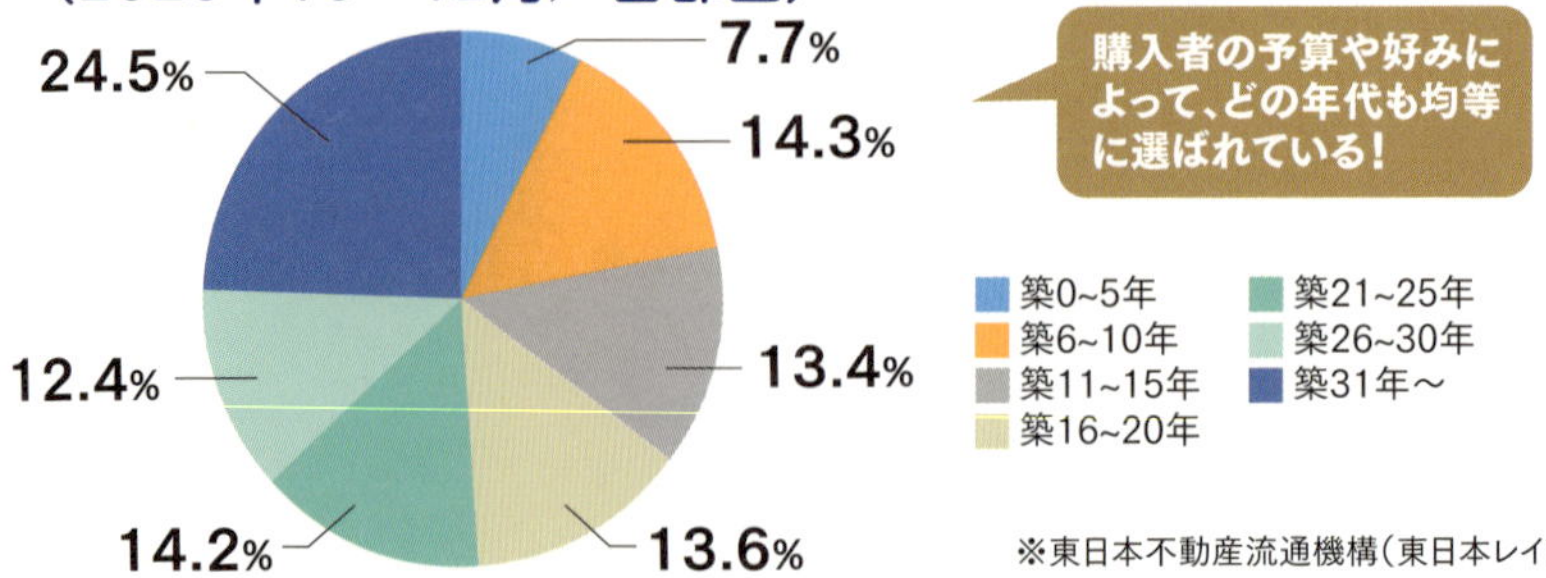

※東日本不動産流通機構（東日本レインズ）調べ

■三大都市圏の一戸建ての平均価格（2020年）

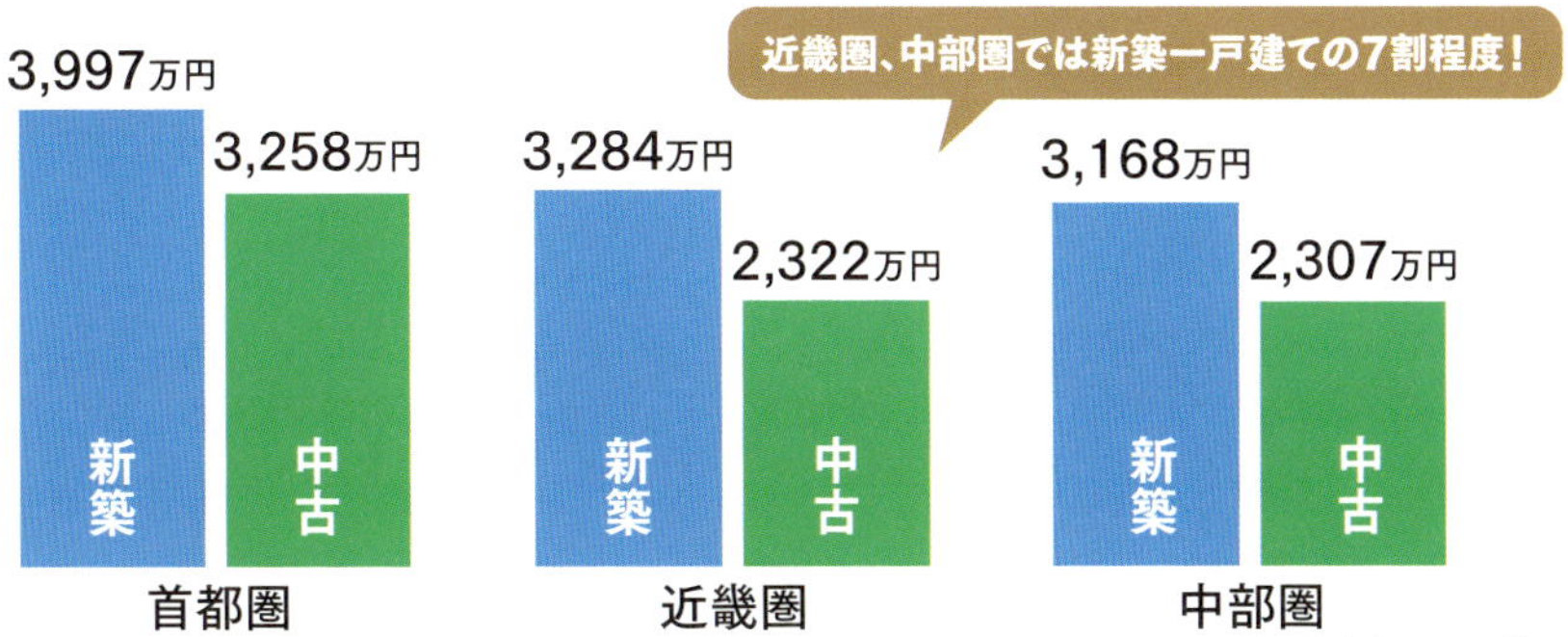

※東京カンテイ調べ

■既存住宅を購入した理由ベスト5（2020年）

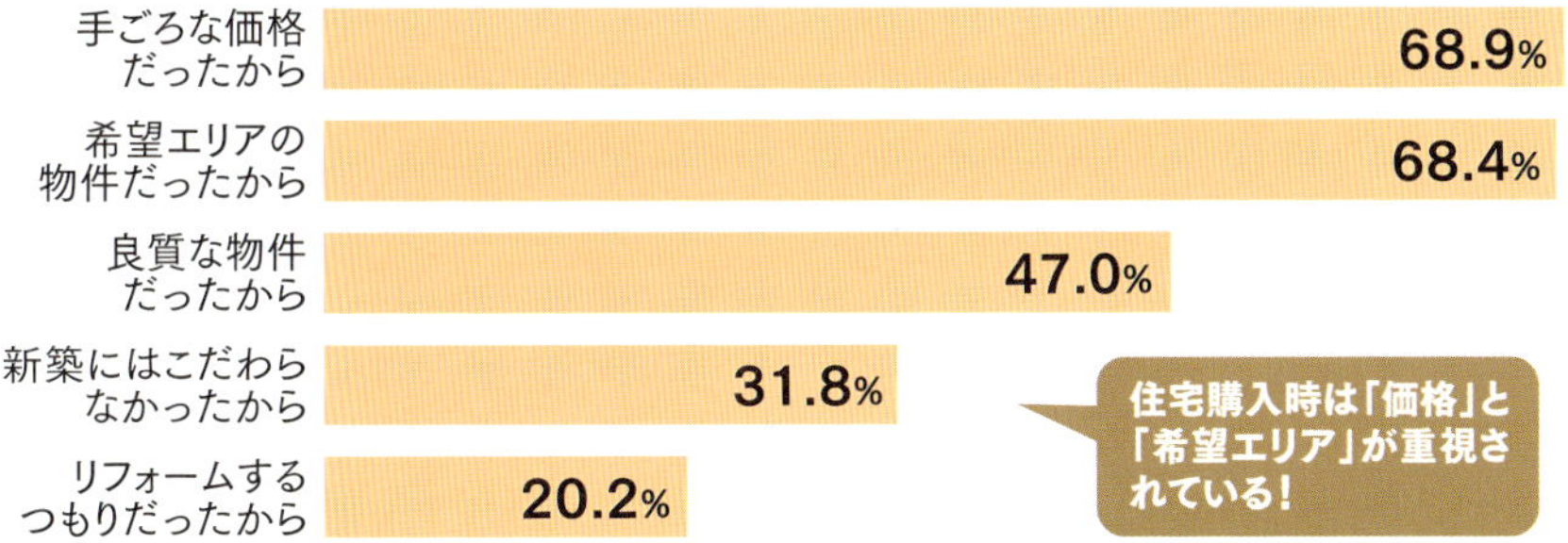

※不動産流通経営協会『不動産流通業に関する消費者動向調査』

■築年数別に見た一戸建てのリフォーム費用

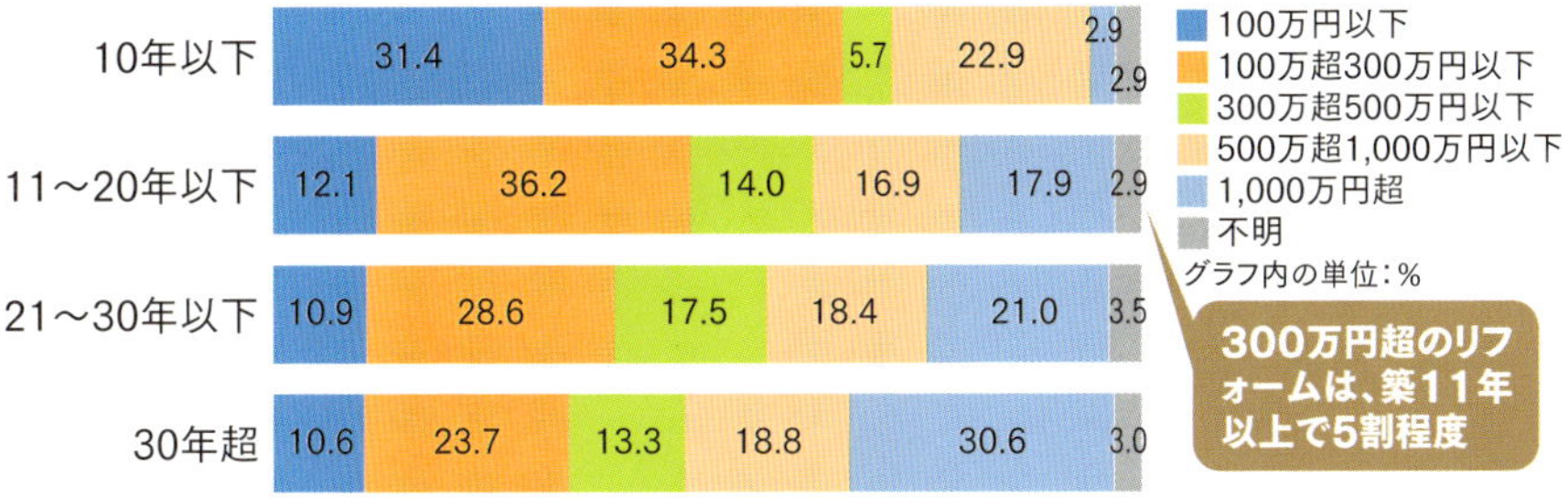

※住宅リフォーム推進協議会「第15回 住宅リフォーム実例調査」平成29年度

COLUMN

30年後の資産価値をイメージしよう

30年後の中古一戸建ての資産価値について、イメージしてみましょう。建物についていえば、その価値は、時間とともに低下していきます。新築の場合を例にとると、建物の構造と耐用年数（税務上の扱い）は、木造一戸建てでは22年。中古一戸建てでは、実際の取引上、築20年超の物件は建物部分の価値がほとんどないものとされる場合もあるようです。住み方やリフォームの程度にもよりますが、30年以上経過すれば建物は老朽化し、いずれは住めなくなってしまいます。

そうなると、今まで述べてきたように威力を発揮するのが土地です。その土地に住み続ける意思があるなら、自分だけの土地ですから自由に建て替えができます。仮に購入時点と土地の価格が変わらないとすれば、土地の価値に新築の建物の価値がプラスされた新たな資産価値が誕生します。

バブル崩壊以降土地の価値が下がり、“土地神話崩壊”などと騒がれましたが、バブル時代が異常であったに過ぎません。土地は新たに生まれませんから、住環境のいいエリアなら、今後地価が下がりづらいと考えられます。

自分から子どもへ、そして孫へと、資産価値のある土地を受け継いでいける。これこそが、一戸建ての大きな魅力です。

■資産価値のシミュレーション

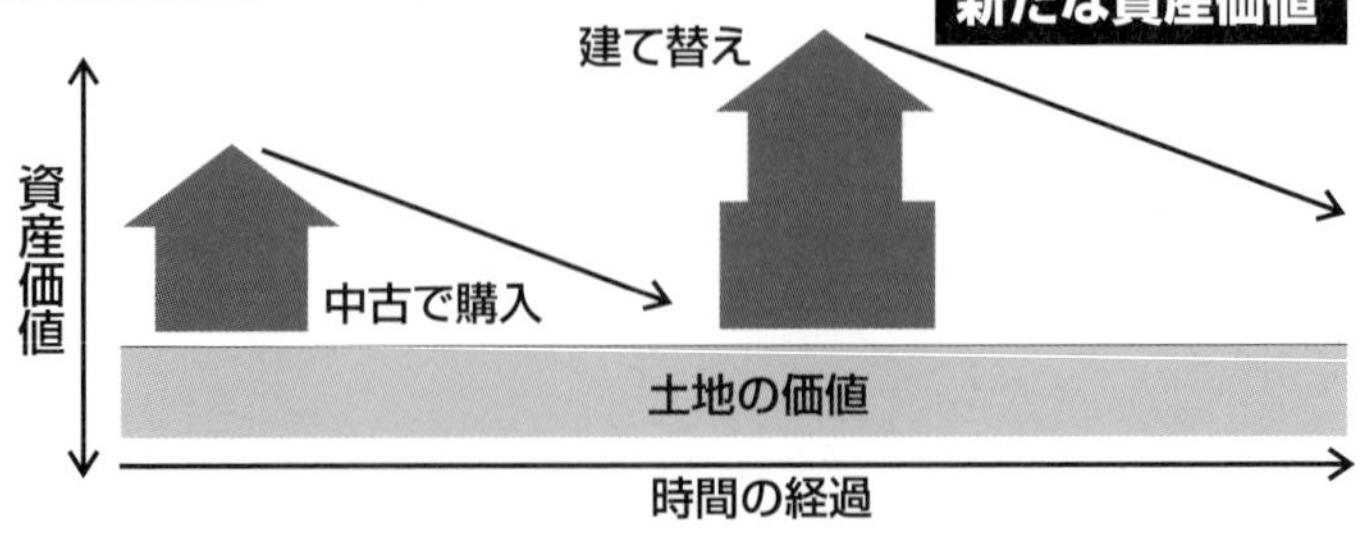

第2章

素敵な中古一戸建ての見つけ方

中古一戸建ての見つけ方

中古一戸建てが売り出される理由を知ろう

常識的な理由で手放す場合がほとんど

中古一戸建てというと、「売り出されるからには何かウラがあるのでは？」と、端《はな》から疑ってかかる人も少なくないようです。

しかし、実際の売り出し理由は、「子どもが成長して手狭になったので広い家に買い替える」「老後は夫婦で暮らしやすい駅近くのマンションに」「転勤、帰郷、また家を相続したがすでに持ち家があるので不要」など、常識的なものがほとんどです。「新品を買って不要になった」「サイズが合わなくなった」など、古着が手放される理由とそう大差はありません。

悪質な物件をつかまされたといった話も耳にしますが、きちんとした不動産会社に頼めば、マイナス情報も基本的には開示してくれるはずです。また、購入の申し込みから契約までは十分な時間がありますから、自分で調べたり、専門の業者に調査を依頼するなどして、たいていの懸案事項は確認できます。

売り急いでいる物件は要注意

とはいえ、悪質物件がゼロとはいいきれません。気をつけたいのは、売り急いでいる物件や長い期間買主のつかない物件です。

こうした物件は214ページで記すように、値引き交渉の余地がある点で魅力ですが、その背景にワケがあるのは間違いありません。そのワケがマイナス要因によるものでないか、必ず確認しましょう。

まずは、買う側が物件を見る目を養うことで、後悔のない住まいを手に入れることができます。

Check! 売り急ぎ物件の危険度を見抜くチェックポイント

事件・事故絡みでは？

〈チェック法〉
見学時などに近隣の人からも話を聞く

環境に隠れた問題は？

〈チェック法〉
曜日・時間帯を変えて現地を見学。将来的な計画道路の有無も確認

権利関係にトラブルは？

〈チェック法〉
登記簿など関係書類をくまなく調査

欠陥住宅では？

〈チェック法〉
屋上・床下などの様子も確認。専門家への依頼も検討

プロからのアドバイス

専門家による建物調査の相場は、5万～20万円程度。屋根・天井・壁・床・床下などのほか、設備や騒音、ホルムアルデヒド濃度なども調査内容に含まれる場合もあります。

中古一戸建て市場のしくみと売買の流れを知ろう

購入の窓口は仲介会社（不動産会社）

新築一戸建てを買う場合、直接、販売業者（売主）に購入を申し込みます。

一方、中古一戸建ての売主は、多くの場合はそこに住んでいる個人です。

とはいえ、個人対個人で売買交渉を行う必要はありません。仲介会社（不動産会社）を介して、売買交渉や購入手続きを行います。物件広告の隅に「媒介」の文字がある場合はこのパターンです。そして、売買契約が成立し決済・引渡しが完了したら、窓口となってくれた業者に仲介手数料を払います。

自社物件にもメリットはあるが……

個人ではなく不動産会社が売主となっている中古一戸建てもあります。これらは、不動産会社自体が賃貸用に所有していたり、個人から買い取ったりしたもの。こうした自社物件を売主の業者から直接購入すれば、仲介手数料は不要になります。

しかし、「仲介手数料不要」＝「お買い得」とは限りません。不動産会社が売主の場合には相応の利益が上乗せされています。とくに個人から買い取った物件には「リフォーム代＋利益」が価格に含まれています。価格と物件内容のバランスの見極めが大事です。

一方で、不動産会社が自ら売る物件なら、一定の品質は保証されていると考えることもできます。というのも、不動産会社が自ら売る物件は、瑕疵（212ページ参照）に対する責任が2年以上と、個人が売主の場合（2〜6カ月が一般的）より、長めに設定されているからです。

Check! 中古一戸建ての売買のしくみはこうなっている！

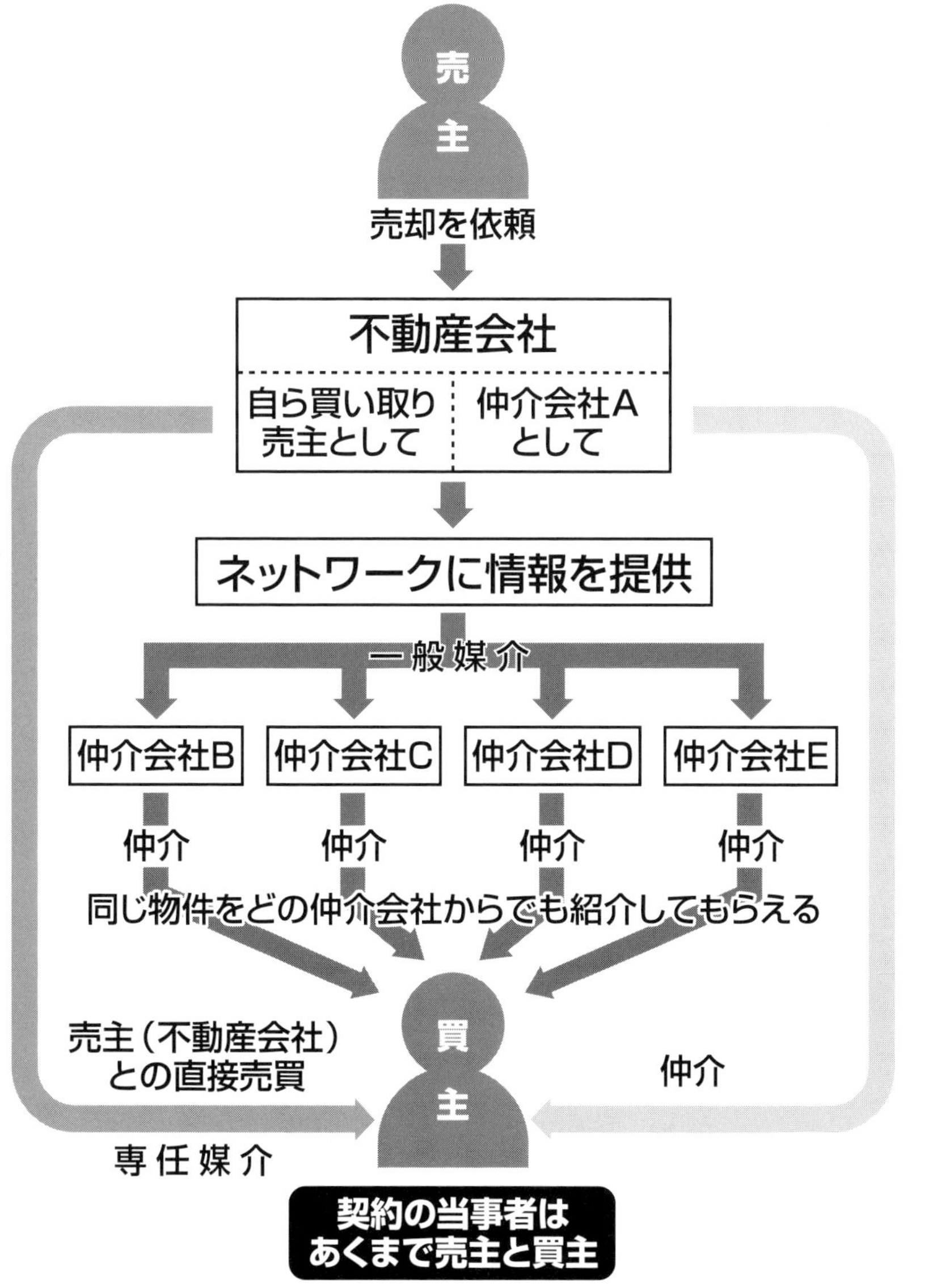

中古一戸建ての見つけ方

中古一戸建ての購入に必要な資金はどのくらい？

物件価格（取引価格）以外にかかる諸費用

中古一戸建てに限らず、住宅購入には物件価格以外に、さまざまな諸費用も必要になります。

諸費用は大きく分けて、「不動産会社」に支払うものと、「金融機関」に支払うもの、「司法書士」に支払うもの、そして「税金」の4つがあります。

不動産会社へは「仲介手数料」を支払います。買主に代わって、売主との交渉、書類の手配などを行う報酬として、契約が締結した際に支払うものです。契約が締結しない場合、費用は発生しません。

金融機関へは、住宅ローンを借りる際の事務手数料や保証料を支払います。ローンを借りるときは火災保険や団体信用生命保険への加入も義務付けられています。これらの費用も必要です。

司法書士に支払うのは、登記代行の成功報酬です。新築物件などでは自力で登記を行う人もいますが、中古物件では、売る側と買う側の双方がいるため、第三者である司法書士にほぼ100％依頼します。

最後に、不動産取得に伴う各種税金を国や地方自治体に納めなくてはなりません。各契約書に貼る印紙代も税金です。

一般に諸費用の目安は、物件価格の10％程度です。

リノベーション物件は消費税に注意

中古物件の多くは個人が売主なので、建物と土地の購入価格は非課税となりますが、新築同様、諸費用は課税対象です。近年増加中のリノベーション物件など、不動産会社が売主となっている物件は建物価格が課税対象なので注意が必要です。

Check! 物件価格以外にかかる主な諸費用

不動産会社（仲介会社）へ

●仲介手数料
不動産売買契約を結んだ際に支払う不動産会社への報酬
【費用の目安】
物件価格（取引価格）×3%+6万円（+仲介手数料に対する消費税）が上限

金融機関ほかへ

●融資手数料
ローンを借りる金融機関に払う手数料
【費用の目安】
民間ローンで3万円程度

●ローン保証料
ローンの返済が滞ったとき、保証会社に一時的に肩代わりしてもらうための保険料。通常、1回払い
【費用の目安】
借入額や返済期間によって異なる
1,000万円の借入れで、35年返済の場合は20万円程度 。ただし、保証料を無料にする金融機関も多い

●団体信用生命保険料
死亡などでローンの返済が不能になった場合、完済するために入っておく生命保険料
【費用の目安】
借入額や返済期間によって異なる。民間金融機関の場合は金利に含まれている場合が多い

●火災保険料・地震保険料
火災保険については、住宅ローンを借りるとき、加入が義務付けられている
【費用の目安】
商品や契約内容によってさまざま

司法書士へ

●司法書士報酬
不動産の所有権や抵当権の登記手続きを代行してくれた司法書士に支払う
【費用の目安】
10万円程度

各種税金

●印紙税
売買契約書とローン契約書を作成するときに必要な国税
【費用の目安】
1,000万円超5,000万円以下で合わせて3万円

●登録免許税
所有権と抵当権の登記にかかる国税
【費用の目安】
所有権は固定資産税評価額の0.1%。
抵当権は債権金額の0.1%。

●不動産取得税
土地、建物を取得した際に一度だけかかる地方税
【費用の目安】
建物:固定資産税評価額×3%（軽減措置あり）
土地:固定資産税評価額×3%（軽減措置あり）
※このほか、購入後は毎年「固定資産税」と「都市計画税」がかかってきます

諸費用の目安は、物件価格の10%程度

中古一戸建ての
見つけ方

家族の希望に優先順位をつけて冷静な物件探しを

意外にも多い衝動買い

高額な買い物にもかかわらず、衝動買いで住宅を決めてしまう人は意外にも少なくありません。どうしても買いたい気持ちが先行していますから、プラス材料ばかりに目が向いてしまうのです。

新築マンションであれば、モデルルームしか見学できないこともあって、勘に頼らなければならない部分も出てくるのは仕方ありません。しかし、中古一戸建ては、せっかく現物を確認できるのですから、間違いのないチョイスを目指したいものです。

それにはまず、「どんな家に住みたいか」を明確にすることです。一度、「みんなが集まるLDKは広く」「ガーデニングをしたいから庭付き」「小学校まで徒歩10分圏内」など、住まいへの希望をすべて書き出してみましょう。

譲れないポイントを絞り込む

希望をリストアップしたら、今度は優先順位をつけていきます。「どうしても譲れない条件」と「譲ってもかまわない条件」を明確にしておくのです。さもないと、見学時にたまたま印象に残った点に引きずられ、決めることになりかねないからです。

一般的に住宅は、都心や駅に近ければ便利さが増す一方で、値段が上がるか、狭くなります。逆に郊外または駅から離れるほど、利便性は劣りますが、値段が安く、広い家が多くなります。

「狭くても通勤・通学に便利な家」に住みたいのか、「郊外の広い家」に住みたいのか、まずはそこから考えていってもよいでしょう。

Check! 家族の住まいへの希望をリストアップする

●時系列チェックシート〈平日〉

例にならって、家族それぞれの生活スタイルと各時間帯の住まいへの希望をチェックしてみましょう。

時間		夫		妻		子ども	
		生活スタイル	住まいへの希望	生活スタイル	住まいへの希望	生活スタイル	
	5						
	6	（朝）起床	朝の陽射しで目覚めるように寝室を東向きにとりたい				
	7						
朝	8						
	9						
	10						
	11						
	12						
	13						
	14						
昼	15						
	16						
	17						
	18						
	19						
	20						
夜	21						

プロからのアドバイス

「車は持たないので駐車場不要」「夜型生活なので日当たりは問わない」といった、一般の人とは違う思いきった譲歩ができると、安い物件が見つけやすくなります。

中古一戸建ての見つけ方

住まいの将来設計で異なる狙い目、4つのタイプ

修繕派、リフォーム派は築年数や工法に注目

購入した家を、将来、どうしたいかも物件選びのポイントです。現状維持で長く住みたい「修繕派」や、積極的に手を加えたい「リフォーム派」は、「建築基準法」の耐震基準が改正された1981年6月1日以前に建築確認済証を交付された物件は避けたほうがよいでしょう（82ページ参照）。阪神・淡路大震災で倒壊した建物のほとんどがそうでした。

修繕派は比較的状態のよい築浅の物件を。目安は木造住宅の評価がゼロになる20年以内です。リフォーム派は、2×4（ツーバイフォー）工法よりも木造在来工法を。大がかりな改造も可能です。

建て替え派、売却・住み替え派は法律に注意

土地重視の「建て替え派」は、築年数の古い物件が狙い目です。土地の価格が中心になるため、お買い得となります。気をつけたいのは、建築基準法や計画道路などの関係で建て替えが禁止されている物件や、セットバック（84ページ参照）が必要な物件があることです。

将来、住み替えを考えている「売却派」は、既存不適格建築物（建てた当時との建築基準法の違いで、現状は違法建築となっている物件）に注意しましょう。この物件は売却時に値段をたたかれます。また、売却相手にとっても、融資が受けづらい物件となります。売却派の人は立地などを検証し、将来も地価が下落しないか予測しましょう。そして購入後も、定期的にメンテナンスを行うなどして、買主のつきやすい状態を保つ心がけが必要です。

Check! 将来をイメージして物件を見定めよう！

狙い目のタイプと注意点

修繕派

狙い目

◎1981年6月1日以降に建築確認済証を交付された物件
◎築浅（20年以内）がベスト

注意点

◎築浅の物件価格はそれなりに高い
◎バブル期（1980年代後半）はお金をかけたきちんとした物件と手抜き物件が混在。見極めが必要

リフォーム派

狙い目

◎1981年6月1日以降に建築確認済証を交付された物件
◎木造在来工法で建てられた物件

注意点

◎リフォームがどこまでできるかは、各物件ごとの構造などで決定。
購入前に確認を

建て替え派

狙い目

◎築年数の古い物件

注意点

◎建て替えができない物件、セットバックが必要な物件に注意
◎建築基準法の改正などにより、建て替え時には、１部屋少なくしなければならないような場合も

売却・住み替え派

狙い目

◎住宅性能表示制度（100ページ参照）で評価を受けた物件がベスト
◎将来、地価の値上がりが期待できる

注意点

◎既存不適格建築物は避ける

中古一戸建ての見つけ方

中古一戸建ての広告の見方とチェックポイント

要注意広告は一見、とても魅力的！

不動産広告は、物件探しの情報源としてはもちろん、広告を出した不動産会社の姿勢や信頼度を判断する材料ともなります。

扱う広告に、掲載すべきことを明記しているか、文言の内容が事実と異なっていないかどうか、あるいは誇大な表現になっていないかなども重要なチェックポイントです。広告の内容に誠意が感じられない場合は、その不動産会社との付き合いをやめたほうがいいでしょう。

とくに悪質なのがオトリ広告です。「売るつもりがない」「実際に存在しない」物件を目玉商品のごとく表示し、客をおびきよせるものです。

うっかり乗せられて訪ねると、「その物件は先ほど売れてしまいましたが、別のいい物件がありますよ」と、言葉巧みに誘導し、たいして魅力のない物件を売りつけてきます。相場より大幅に価格が安いなど、腑に落ちない広告には気をつけましょう。

ほかにも、「二度と出ない」「最高の立地」など、具体的な根拠のない、客の気をひくためだけの表現を使う不動産会社も良心的とはいえません。

よい広告は具体的な情報量が多い

また、これは致し方ないことですが、広告ではプラス材料が大きく扱われます。逆の見方をすれば、小さな文字で書かれた部分にこそ、買う側は注意しなければなりません。

良心的な不動産会社の広告ほど、具体的情報が多く、物件ごとの情報の質にも差が少ないものです。

Check! 広告に問題表現があればその不動産会社は要注意！

中古一戸建ての広告の見方

中古戸建｜上石神井 4,380万円（税込み）

★東南角地、陽当たり良好 ……①
★令和2年10月リフォーム済み

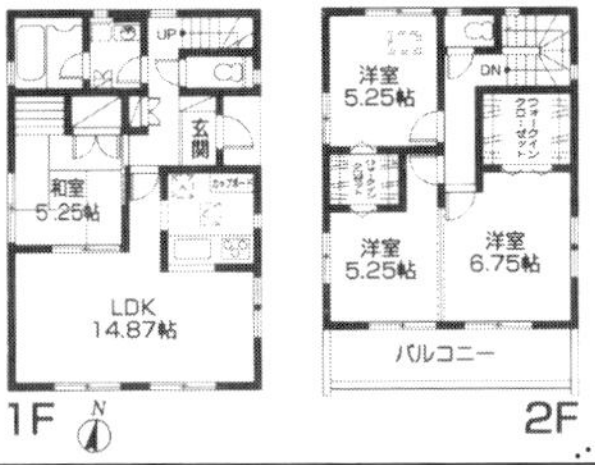

……⑮

○○不動産株式会社
東京都知事（4）第○○○号
（社）不動産協会会員
（社）首都圏不動産公正取引協議会加盟
東京都渋谷区○-○-○

■所在／練馬区上石神井4丁目……②
■交通／西武新宿線……③
「上石神井」駅歩15分
■土地／82.32㎡
■建物／94.82㎡……④
■構造／木造2階建て……⑤
■間取／4LDK
■建築／H.20年5月築……⑥
■土地権利／所有権……⑦
■地目／宅地……⑧
■都市計画／市街化区域……⑨
■用途地域／第一種住居地域……⑨
■建ぺい率／60％……⑩
■容積率／100％……⑩
■接道状況／南側公道5m……⑪
■現況／空室……⑫
■引渡期日／即可（残金精算後）……⑬
■取引態様／仲介……⑭
担当／河出〈仲介〉

〈チェックポイント〉

①キャッチコピー
「二度と出ない」「激安」「最高」「ラストチャンス」など根拠のない誇大表現を使っていないか。

②物件の所在地
丁目まで表示されているか。

③交通
最寄り駅から物件までの距離、所要時間（※徒歩、バスの別）を適切に表示しているか（徒歩所要時間は80mを1分で計算するのが決まり）。

④建物（面積）
各階の床面積の合計。バルコニーやグルニエの面積は含まない。駐車場は延床面積の5分の1未満であれば、算入しなくてもよいことになっている。

⑤構造／112ページ参照。

⑥建築（築年数）
中古物件なのに載っていない場合は「かなり古い」可能性が高い。

⑦土地権利
所有権か賃借権かなど。定期借地権（80ページ参照）の場合、所有権の物件より5割前後安いが、契約期日が来た際には立ち退かなければならない。広告を見て「安い!」と思った物件はたいてい定期借地権となっている。

⑧地目／204ページ参照。

⑨都市計画・用途地域／72ページ参照。

⑩建ぺい率・容積率／84ページ参照。

⑪接道状況
公道か私道か、私道負担があるかが明示されている。84ページも参照。

⑫現況
現在すでに空室か、居住中かを表示。

⑬引渡期日
売主が物件を引き渡すことのできる時期。

⑭取引態様／「売主」「代理」「仲介」などがある。仲介の場合は売買代金の3%+6万円+消費税以内の手数料（上限）を支払う。

⑮取り扱い不動産会社名ほか／64ページ参照。

◎そのほか
住宅の建てられない「市街化調整区域内」、再建築のできない接道状況、「再建築不可」「高圧線下」の物件、「傾斜地」など特殊な地形の土地……これらに当てはまる場合は、その旨を広告に載せる決まりになっている。

中古一戸建ての見つけ方

検索サイトで相場をつかみ、業者に具体的な希望を伝える

価格相場のチェックは必須

販売価格が一戸建ての価値を正しく表しているとは限りません。すでにお話ししたように、中古一戸建ての売主は個人、いわば〝素人〟です。不動産会社は売主に対して、値付けの目安は提示しますが、最終的に価格を決めるのは売主自身です。

そのため、価格には売主の気持ちが少なからず反映されます。「少しでも高く売りたい」という人は強気に、逆に「早く売りたい」という人は控えめな価格で売り出すことが多くなります。こうした損得を見極めるためにも、不動産検索ポータルサイトなどを利用して、同エリアの条件の似た物件がいくらの価格をつけているか、価格相場をチェックするようにしましょう。

エリアを絞って不動産会社に問い合わせを

相場がある程度わかったら、希望エリアの地元の不動産会社に足を運びましょう。ほとんどの物件情報はネットワークで共有化されていますが、物件価値を迅速に判断できるのはやはり地元の会社です。

距離的にすぐに物件を確認できますし、外部の人間からはうかがい知れない利便性の良し悪し、また道路や出店の計画、子どもの通学区となる学校の評判など、いろいろな判断材料を持っているはずです。

そして、大切なのは焦らないことです。希望の要件を伝えておけば、情報が入りしだい、不動産会社から連絡をもらえるはずです。手をわずらわせて申し訳ない、などと思う必要はありません。相手はそれが商売です。

Check! 不動産検索ポータルサイトのメリット・デメリットを知ろう

メリット

広い地域の物件情報を検索できる

➡ エリアの絞り込みに便利

多くの物件情報にふれることで、相場観をつかみやすい

➡ 高望みすることなく、身の丈に合った物件探しができる

デメリット

掲載までにタイムラグがある

➡ いい物件ほど問い合わせるころには商談が進んでいることが少なくない

写真はおろか間取りや住所がわからないことも

➡ 物件の程度がつかめないため、具体的な情報にはなりにくい

⬇

パートナーとなる不動産会社選びが重要に！

プロからのアドバイス

物件選びでは資産価値の見極めも大切です。将来、家族構成やライフスタイルなどの変化によって住み替えを余儀なくされるケースも出てきます。そんなときでも値崩れせずに売れるか判断しましょう。

信頼できる不動産会社をパートナーにしてトラブル回避

宅建番号や業者名簿を確認

希望エリアで不動産会社を探すときに迷うのが、三井のリハウスなど大手企業グループの看板を掲げた店舗、あるいは地元の中堅会社、どちらを選ぶかということです。

ブランド看板の店舗は、物件紹介や契約の手順がシステム化されている、提携ローンや独自の保証制度など付帯サービスが充実している、といった点が魅力です。また、系列業者同士の連携により、首都圏から近畿圏への買い替えなど、広域サービスを一社でスムーズにこなせる安心感もあります。

ただ、「ブランド看板＝一流企業直営」とは限りません。ブランド看板を掲げていても、地元の不動産会社がフランチャイズ制で営業していることが多数です。無名の不動産会社でも、地元で長く営業して、売買の仲介を数多く手がけている会社を選ぶのがポイントです。情報量も、流通情報のオンライン化で大手にひけをとりません。

熱心で親切な営業担当者に当たれば、きめ細かな情報提供やサポートを期待できます。

営業担当者の資質、相性も重要

一定の水準をクリアしている不動産会社なら、あとは営業担当者との相性で選んでかまいません。一般的には、「希望をじっくり聞いてくれる」「メリット・デメリットを率直に教えてくれる」「不安や質問をはぐらかさない」「地域の流通情報はひととおり知っている」「決断を急がせない」といった営業担当者が親切とされています。

Check! 免許番号や業者名簿で不動産会社の信頼度を確認

STEP 1

宅地建物取引業の免許を受けているか？

その業者の店舗看板やチラシに載っている宅地建物取引業の免許番号を確認。

◎免許の種類
都道府県知事免許と
国土交通大臣免許の2種類がある。
信頼性は同じ

◎免許の更新回数
5年に1度（1996年度より前は3年ごと）の
更新のたび、数字がひとつ増える。
数が多いほど長く営業している証拠

○○不動産
株式会社

東京都知事（4）第○○○号
（社）不動産協会会員
（社）首都圏不動産公正取引協議会加盟
東京都渋谷区○-○-○

◎会社名

◎業者団体に加盟しているか
業者団体では、新規加入業者の資格審査や
研修会、苦情処理の相談業務などを行なっている。
また、業界団体に加盟しているかも一つの判断基準になる。
加盟している場合、広告や看板の不動産会社名の
近くに加盟団体を記載しているはず

◎免許番号

STEP 2

業者名簿を調べる

都道府県庁の宅地建物取引業の担当課で、業者名簿を閲覧（無料）。「業者の経歴」「営業実績」「資産状況」「過去の行政処分歴」を見て、トラブルの有無をチェック。

STEP 3

手付金の保全措置はあるか確認

契約前に払う「手付金」。万一引渡しまでに不動産会社が倒産しても、銀行や保険会社が代わって手付金を返還してくれる保全措置を行なっているか確認を。

不動産会社が信頼できるとともに、営業担当者と自分との相性も大事。疑問に思うことがあったら、何でも聞いてみて、反応を確かめましょう。

中古一戸建ての見つけ方

お気に入りの物件が見つかったら見学に出かけてみよう

見つかれば、迷うことはないはずです。

希望を具体的に伝えられるメリットも

見学には別のメリットもあります。不動産会社の担当者と実際に物件を前に話をすることで、物件への希望をより具体的に知らせることができます。

担当者はプロですから、あなたとの会話を通して、今後どんな物件を紹介していけばよいか、すぐに理解するはずです。

なお、前述のように、売る売らないの判断をするのは売主です。「思い出いっぱいの家……。大切に使ってくれる人に譲りたい」など、売主にもさまざまな思いや事情があります。見学時に売主と直接話をするような機会を得たら、信頼関係を築くことも忘れずに。

見学の順位で優先権が発生

関心のある物件が見つかったら、不動産会社を通じて、見学の申し込みを行います。最終的に誰に売るかは売主の判断ですが、申し込みのあった順や見学順に契約の優先権が発生することが多いようです。早めに申し込んだほうがよいでしょう。

とくに探し始めのころは、中古一戸建てを見る目を養うためにも、さまざまな物件を見学してみることです。「価格帯が違うと、どんな違いがあるのか」「広告に表示された面積と、実感としての広さに相違はないか」など、相場観がついてきます。

また、後悔しないように、新築・中古マンション、新築一戸建てにも一度は見学に出かけてみましょう。中古一戸建てでなければならない自分なりの理由が

Check! 営業担当者・売主にも「客を選ぶ権利」があることを忘れずに行動しよう

見学時のNG & Good!

対 営業担当者

NG

- 自己資金を過大に伝えたり、勤続年数を隠すなど、ウソをつく
- 遠慮して希望をはっきり伝えない
- 「本気で買いたい」姿勢を見せない
- 物件見学時、遅刻したりドタキャンする
- 「自分は客だ」という高飛車な態度をとる

Good

- 資金や希望条件は的確に伝える
- 疑問点は率直にたずねる
- 自分でも情報を集める努力をする

対 売主

NG

- 物件とは関係ないプライベートなことを根掘り葉掘り聞く
- 中古ならではの汚れや趣味の違いについて、あげつらう
- 「買ってやる」といわんばかりの高飛車な態度をとる

Good

- 物件に関する問題点、疑問点は冷静にたずねる
- 売主側の希望にも耳を傾け、譲れる点は譲る
- 物件が気に入ったら、その気持ちを素直に伝える

プロからのアドバイス

我が家にとっての「優良物件」を見分けるには、予算に見合う物件を、新築・中古・マンション問わず、何軒も見ることです。ただしやみくもに見学するのは時間の無駄。希望条件をしっかり営業担当者に伝え、的確な比較物件を紹介してもらいましょう。

中古一戸建ての見つけ方

周辺環境は生活動線、時間軸を念頭に、歩いて、見て、聞いてチェックする

実際に歩いて利便性・安全性を確認

近くに学校やスーパー、公園、病院などがあれば、毎日の生活は快適です。周辺地図を購入して、そうした施設の位置関係も把握しておきましょう。

その際には所在の確認だけでなく、駅などの生活上の起点から便利な方向か、また自分の生活に不便のない営業時間かなど、生活動線や時間軸から検討することが大切です。たとえば、大きなスーパーがあっても「駅前だが、自宅と反対側の口にある」「閉店時間が早い」となれば利便性は低いといえます。

出産前後の共働き夫婦なら、保育園・学童クラブの場所や空き状況を役所で確認しておくと安心です。

また、「徒歩○分です」という営業トークをうのみにするのは禁物。徒歩時間は1分当たり80メートルの換算ですが、信号待ちが長かったり、歩道橋があると思いのほか時間がかかります。実際に歩いて利便性・安全性を確認しましょう。

交通量・騒音は日中と夜間で違う

物件見学をすることの多い土日の昼間と、平日の昼間・夜間では、周辺の交通量、騒音の状況が大きく異なる場合があります。

見学時は車が通らない閑静な住宅街だと思っていたら、平日は家の前が通勤車の抜け道に使われていた、通学路になっていた、という可能性もあります。土日は休業していた工場や公共施設が、平日はけっこうな騒音を出していた、ということも。

物件は、周辺環境も含め、曜日や時間帯を変えて、自分の目と足を使って確認することが大切です。

Check! 住みやすさ、環境を知る現地見学のポイント

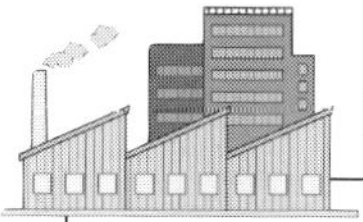

安全性・快適性

- □周辺の住宅街の雰囲気
- □駅までの人通りや、夜道の安全性
- □駅からの深夜のタクシー事情
- □近くの生活道路の交通量や歩道などの状況
- □工場などの騒音や悪臭
- □ごみの収集法

生活に便利な施設

- □スーパーやコンビニの場所だけでなく営業時間、品ぞろえも
- □郵便局や金融機関。住宅ローンや今まで利用していた銀行の支店があれば便利
- □家族で行けるファミリーレストラン、残業帰りに立ち寄れる深夜営業の飲食店
- □公共の図書館があれば、子どもの勉強にも役立つ
- □安く利用できる公共のスポーツ施設やジムなどがあれば、健康的な生活が送れる

小さな子どもがいるなら

- □小児科や外科医院、救急病院が近くにあれば安心
- □小さな子どもの遊び場となる公園や児童館
- □通学路の確認
- □小学校や中学校の評判なども売主や近隣の人に聞いてみよう
- □共働きなら保育園や学童クラブの場所や空き状況を役所で確認

高齢者がいるなら

- □充実した総合病院が近くにあれば安心
- □宅配してくれる商店
- □デイサービスや老人福祉施設、公民館や地域集会所
- □バリアフリー設計の店・街並み

中古一戸建ての見つけ方

バス利用が前提のエリアでは、バス停までの徒歩分数の確認も！

バス便エリアに多い優良な一戸建て

マンションは利便性のよさが魅力とよくいわれ、最寄り駅から徒歩3分、駅からすぐといった広告が目につきます。

一方の一戸建ての場合は、利便性も大切ですが、それよりも住環境のよさを物件選択の決め手とする人が多いのではないでしょうか。

駅に近い立地では、あまり落ち着いた住環境は期待できません。実際、駅から10～15分圏内、さらにはバス便利用のエリアに優良な一戸建ての住宅街が数多く存在しています。

そうしたエリアでは通勤・通学時間帯のバス便も充実していますから、思うほど不便さを感じないものです。駅周辺の駐輪場も充実していますし、健康のために駅まで歩く人もいるでしょう。

バス停から自宅までの時間もポイント

バス便利用では、駅までの所要時間もそうですが、バス停から自宅までの時間もポイントです。3分以内なら不便さを感じない人が多いという統計もあります。

また、最終便の時間を確認するほか、終バス後のタクシーの状況を把握しておくことも大切です。首都圏や住宅地を抱える駅では、最終便の時間を遅くしていたり、夜遅くのタクシー乗り場も以前のような長蛇の列という状況は少なくなっています。

駅まで自転車での通勤や通学を考えているなら、駐輪場の空き状況や申し込み方法なども確認しておきましょう。

Check! 通勤・通学事情のチェックポイント！

最寄り駅からの交通

- □勤務先・通学先までの所要時間
- □始発・終電の時間
- □通勤・通学時間帯の運行本数
- □急行や快速は停車するか
- □乗り継ぎのしやすさ
- □混雑度
- □新駅・延伸計画

徒歩

- □所要時間
  - ※徒歩○分をうのみにせず歩いて確認
  - ※信号待ちの時間や歩道橋も時間に影響
- □歩道があるかなどの歩きやすさ、安全性
- □深夜の徒歩ルートの安全性

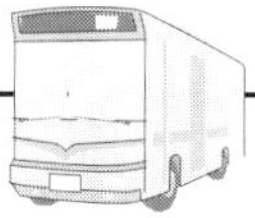

バス

- □通勤・通学時間帯の便数
- □混雑度
- □始発・終バスの時間
- □雨や雪の日の状況
- □終バス後のタクシー事情

自転車

- □駐輪場の整備・空き状況
- □道路の安全性

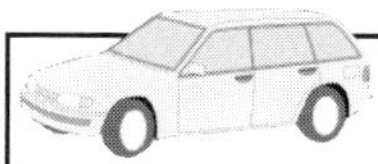

マイカー

- □道路の混雑度
- □幹線道路への出やすさ

プロからのアドバイス

平日の昼間なら「駅までバス５分」の場合でも、通勤時間帯では１５分かかることもあります。1日の中でも時間帯によって、バスの本数が大きく異なることもあるので、ライフスタイルを考えながらチェックしましょう。

中古一戸建ての見つけ方

将来の住まい環境を左右する用途地域をチェックしよう

場所によって建物の高さや用途に制限

自分の足で現状の周辺環境を確認しただけでは、わからないこともあります。それは、「この先、近隣がどう変化するのか」といった将来環境です。それを知る一つの目安となるのが、建物が立地している場所の法律上の土地区分です。

住宅が建てられるのは、「都市計画法」で「市街化区域」に指定されたエリア。市街化を抑制すべきエリアの「市街化調整区域」には一般の住宅などは建てられないことになっています。

さらに市街化区域は、「用途地域」に分類されます。これは機能的な街づくりのために、エリアごとに建築できる建物の種類、用途の制限を定めたもので、住居系、商業系、工業系の3つに分けられます。

チラシのほか役所でも確認できる

たとえば物件が「中高層住居専用地域」にあると、今は近隣が一戸建てばかりでも、いずれはお隣にビルが建ってしまう可能性があります。

住環境を第一にするなら、用途地域が「低層住居専用地域」の物件を選ぶのがいいでしょう。

また、物件のある場所の用途地域だけでなく、周辺の用途地域も確認しておくこと。道路一本向こうが「近隣商業地域」「準工業地域」で、すぐ近所に騒音の出る施設が建ってしまうこともあるからです。

用途地域は物件チラシにも載っていることが多いですが、営業担当者に周辺の用途地域を含め確認しましょう。用途地域は、役所の都市計画課などに電話しても教えてもらえます。

Check! その地域にどんな種類・高さの建物が建つ可能性があるかを知る

	用途地域の種別	建てられる建物
住居系	第一種低層住居専用地域	一戸建てや低層マンションのほか、教育施設、戦闘、併用店舗は建てられる
	第二種低層住居専用地域	上記のほか小規模な店舗も建てられる
	第一種中高層住居専用地域	4階建て以上のマンションのほか、大学、病院、中規模のスーパーも
	第二種中高層住居専用地域	上記のほか1,500㎡以内の店舗、オフィスも可
	第一種住居地域	大規模な店舗・オフィス、マージャン店、パチンコ店などは制限されるが、ホテルや飲食店などは可
	第二種住居地域	マンションや大規模オフィスが混在。パチンコ店、自動車教習所なども可
	田園住居地域	農地や農業関連施設などと調和した低層住宅の良好な住環境を守る地域
	準住居地域	自動車修理工場なども建てられる
商業系	近隣商業地域	近隣住民のための店舗、オフィスなどが建てられる
	商業地域	デパートや企業オフィス優先の地域。工場も建つ
工業系	準工業地域	環境の悪化をもたらす恐れのない工場が建てられる
	工業地域	工業の利便優先の地域。住居は建てられるが学校や病院などは建てられない
	工業専用地域	工業の利便を増進する地域。住宅、店舗、学校などは建てられない

中古一戸建ての見つけ方

IoTやテレワークを考えて、インターネット環境を確認しよう

一戸建ては光回線の能力を発揮しやすい

インターネット環境が暮らしに及ぼす影響は年々増しています。動画配信やオンライン会議が増え、またアレクサなど、さまざまなモノをインターネットでつなぎ操作する「IoT」化も進んでいます。

現状、固定回線の速度はマンションより中古一戸建てのほうが上です。多くの中古マンションでは、光ファイバーなのは建物の共用部までで、そこから各戸へは電話回線に代わります。さらに一つの光回線をその建物の回線契約者でシェアするため、速度が落ちることがあります。

一方、一戸建てでは、エアコンなど既設の配管スペースを利用するか、新たに壁に穴を開け、近くの電柱から光ファイバーをそのまま室内に引き込みます。そのため、光回線本来のパフォーマンスを期待できますが、月額料金はマンションより一般に1000~2000円程度高くなっています。

スマートフォンなどの電波状況にも注意

光回線でテレビ契約をする予定のない人はテレビアンテナについてもチェックが必要です。地上デジタル放送に完全移行したのは2011年7月のこと。当時のアナログ用のアンテナがそのまま残っている家も少なくありません。アナログ用のアンテナでは、現在の放送は映りませんので注意しましょう。

また、見学の際に、スマートフォンの電波状況についても確認しておきましょう。人口カバー率の高い大手携帯会社でも、立地やキャリアによって電波状況の悪い場合があります。

Check! インターネット環境が整っている中古一戸建てを選ぼう！

■IoTで将来の暮らしはこう変わる

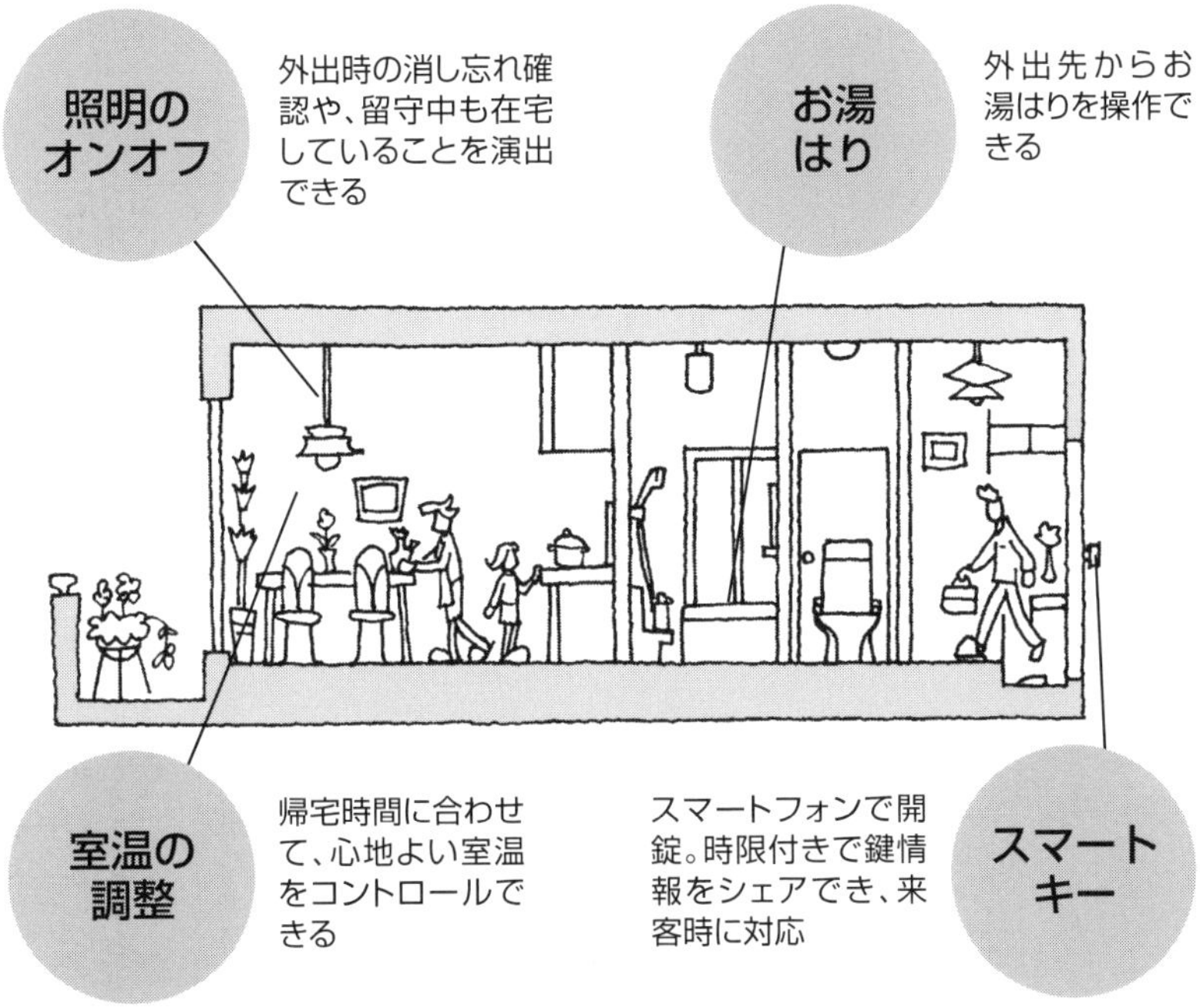
照明のオンオフ
外出時の消し忘れ確認や、留守中も在宅していることを演出できる
お湯はり
外出先からお湯はりを操作できる
室温の調整
帰宅時間に合わせて、心地よい室温をコントロールできる
スマートキー
スマートフォンで開錠。時限付きで鍵情報をシェアでき、来客時に対応

◎見学時にはここをチェック

〈光配線方式の差し込み口〉

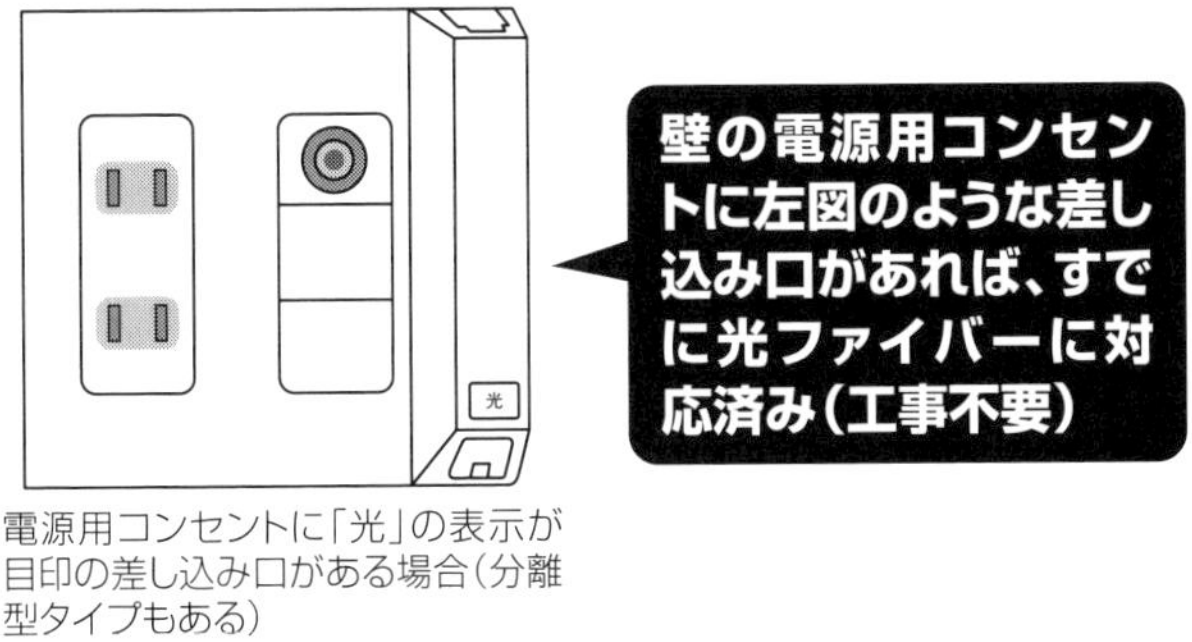
光
壁の電源用コンセントに左図のような差し込み口があれば、すでに光ファイバーに対応済み（工事不要）

電源用コンセントに「光」の表示が目印の差し込み口がある場合（分離型タイプもある）

中古一戸建ての
見つけ方

今の住まいを売却して住み替えるときのポイント

今の家を手放すなら媒介の契約形態に注意

今の家を売却して得た資金で、新たに中古一戸建ての購入を予定している人もいるでしょう。

不動産会社に売却を依頼する場合、媒介の契約形態には、売却の仲介を複数の不動産会社に任せることのできる「一般媒介」、特定の1社に任せる「専任媒介」（自分で買主を見つけるのも可）、「専属専任媒介」（自分で買主を見つけるのは不可）の3種類があります。買主への窓口が広い一般媒介が有利に思えるかもしれませんが、積極的に営業してもらいづらいのがデメリットです。通常は専任媒介をおすすめします。

不動産会社への支払いは売却成功時のみ。「物件価格の3％＋6万円」（＋消費税）が上限で、広告費、販売活動費などの費用はここからすべて賄われます。なお、家の売却では、原則、住宅ローンを決済・引渡し時点で完済していることが前提となります。受け取った売買代金で住宅ローンの残債を一括で支払います。

信頼できる不動産会社を選ぼう

まずは査定ですが、複数の不動産会社に査定を依頼し、査定額およびその根拠を確認しましょう。高く査定して契約をとろうとしたり、低く査定して早く売却を成立させようというケースもあるので注意してください。

最終的に媒介を依頼する不動産会社を決める際には、担当者がポイントになりますので、査定などの機会に信用できるか判断するといいでしょう。

■売却を依頼する不動産会社選びのポイント

1 査定価格の根拠をきちんと説明してくれるか？
相場より高い価格では成約は難しい。地域の動向に長けていると力強い

2 住み替えのタイミングや住宅ローンを考慮してくれるか？
住宅ローンの知識が十分にない担当者もいるので注意すること

3 売主の立場になってくれるか？
自社だけで物件情報を囲い込むようなことをする会社もあるので注意

4 インターネットでの広告・販売活動を展開しているか？
大手の不動産検索ポータルサイトに物件広告を積極的に出していること

5 プロとしての自覚があるか？
話をきちんと聞いて、専門的な知識に基づいて明解に説明してくれること

6 売却の専門的なアドバイスをしてくれるか？
住宅ローンなどの知識が豊富で、売却のノウハウを持っていること

7 複数の不動産会社に相談したか？
査定価格にかかわらず、信頼できそうな会社･担当者を選ぶこと

■3つの媒介契約の特徴

◎一般媒介

複数の不動産会社に売却を任せられるので間口が広いが、販売活動への費用がかけられない傾向がある。人気があり、売りやすい物件でなければ不利になることも。

◎専任媒介

一般媒介にくらべると、広告などに費用をかけてくれる。不動産会社は1社にしか売却依頼ができないが、自分で探した買主との直接契約も可能。

◎専属専任媒介

1社の不動産会社にしか売却依頼ができない点では専任媒介と同じだが、自分で探した買主と契約するには手数料が必要になるというしばりがある。

中古一戸建ての
見つけ方

売ってから買う？ 買ってから売る？ 住み替えはタイミングを考えて

売りと買いは、同時並行で進めるのが基本

住み替えで迷うのが、「売却」と「購入」のどちらを先行させるかです。

新居で新たに住宅ローンを組むには、現在の住宅ローンの完済が条件となるため、不動産会社は「売り先行」をすすめるところが多いようです。しかし、すぐ新居が見つからなければ、仮住まいが必要になります。それに、現実的には「住みたい家」があるから、今の家を売ろうと考えるのが自然な流れです。

ですから、売りと買いを同時に進め、できるだけタイミングを合わせるのが基本です。

妥協せずに売買できるタイミングを見よう！

住み替えまでの期間は早くて2～6カ月。遅い場合は、1年以上決まらないケースもあります。

最初の進め方としては、売却して住宅ローンを完済できた場合、どれくらい資金が残りそうか査定に出して当たりをつけます。そして、実際に売りに出しながら、購入物件を探します。

そして、住み替えをスムーズにするために、もし先に買主があらわれたらできるだけ待ってもらうように交渉し、売却と購入はできれば同時にするのがコツです。逆に買いが先行する場合は、今の家が売れなければ、購入の契約を白紙に戻すことにする「買い替え特約」をつけてもらうようにします。必ず応じてもらえるとは限りませんが、一定額で売却が決まらない場合は、購入せずに済みます。

住み替え用の住宅ローンについては、第5章の188ページを参考にしてみてください。

Check! スムーズな住み替えには売却と購入のタイミングが大事

■「売り先行」と「買い先行」の流れ

売り先行　今の住居を売りに出し、売却の見込みが立ってから住み替え物件を探すパターン。住み替え先を早く見つけることがポイント。

今の住まい：売却契約 → 決済・引渡し → 退居

仮住まい：契約 → 入居 → 退居

新居：契約 → 決済・引渡し → 入居

メリット
◎高めの販売価格で売り出せる。
◎資金計画が立てやすい。

デメリット
◎住み替え物件が見つからないと、仮住まいが必要になり、手間も出費も大きくなる。

買い先行　額が高くなっても新たにローンが組めるという人に向いている。

今の住まい：退居 → 売却契約 → 決済・引渡し

新居：契約 → 決済・引渡し → 入居

メリット
◎新居探しにじっくり時間が使える。
◎仮住まいの心配がない。

デメリット
◎売却が遅くならないように値引きも想定しなければならず、売却価格が安くなりやすい。

プロからのアドバイス

不動産会社が売却物件を直接買い取ることを「買取」といいます。仲介による売却価格より25～30％程度安くなるのが一般的ですが、早ければ数日～1週間程度で現金化できることが大きなメリットです。なお、「買い替え特約」をつけておくと、物件を押さえるために払った手付金が戻ってくるので安心です。

COLUMN

「定期借地権付き住宅」って何?

物件広告で、「定期借地権付き住宅」という言葉を見かけることがあります。一般的にマイホームとして売りに出されるのは買った人に所有権のある所有権住宅ですが、「借地権付き住宅」は借地の上に建っている住宅を指します。

“定期”というのは1992年に施行された新・借地借家法によって生まれた概念で、それまでの借地権との違いは、「契約期限が来たら必ず返す」という基本原則が貫かれている点です。

定期借地権には、3つのパターンがありますが、マイホームのための住宅や土地に適用されるのは、一般定期借地権。「借地権設定期間が50年以上で、期間終了後に建物を壊し更地にして返還する」というもので、土地の所有者にとっては、50年後には必ず返してもらえるというメリットがあります。

一方の買う側にとっては、契約時の保証金と毎月の地代を払う必要はありますが、土地代が含まれないためかなり割安で一戸建てを手に入れられるメリットがあります。物件にもよりますが、所有権住宅の4割から5割ほどといわれています。

新築のときにこうした条件のもと建てられたものが、何年か経って売りに出されたのが、定期借地権付きの中古一戸建て物件。契約期間という前提が生きているほか、購入時に支払う保証金などについても注意が必要です。そうした契約についてのチェックポイントは218ページに紹介しているので参照してください。

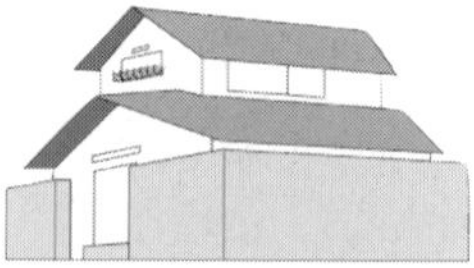

定期借地権付き住宅の特徴

- ●所有権住宅にくらべ割安
- ●地主の承諾を得られればリフォームや建て替えもできる
- ●地主との交渉で所有権を買い取ることも可能

第3章

間違いのない中古一戸建ての判別法

中古一戸建ての
判別法

安全性1

新耐震基準をクリアしている物件か確認しよう

一つの目安になる「新耐震基準」

東日本大震災での被災状況や耐震強度偽装問題を受け、中古一戸建ての購入を考えるうえで、耐震構造がどうなっているかが大切なポイントの一つになっています。

地震国である日本の建物の強さは、建物の構造や仕様を定める建築基準法で定められた耐震基準（地震に対してどれくらいの強さを持つか）をもとに考えられています。

現在の基準は1981年6月1日に施行された新耐震基準（新耐震）で、この日以降に建築確認済証が交付された建物は、震度6強～7の地震でも倒壊しないことが前提になりました。新耐震以後の建築物は、それ以前のものより安全性が高いとされます。

確実さを求めるなら83年以降の物件を

とはいえ、新耐震以前に建てられていても、きちんとした強度を持つ物件もあれば、新耐震後の物件なのに無理な工期をこなすために施工が粗雑で、強度に疑問符がつくこともあります。

たとえば、80年代後半に建てられたバブル期の物件は、住宅需要が急増し、経験の浅い職人が建設に多く携わったせいか、欠陥工事が多いともいわれています。新耐震は一つの目安にはなりますが、妄信は禁物ということも覚えておきたいところです。

新耐震基準は81年施行ですが、家ができるまでには約3カ月から、長いと1年近くかかります。確実に新耐震基準をクリアしている物件を望むなら、83年以降に完成した物件が安心です。

Check! 耐震対策・法律の変遷を知っておこう！

1981年　建築基準法の大幅な改正
新耐震基準が誕生！

1982年　必要な筋交いの数が今の基準に

1980年代後半　**バブル期は熟練工不足で施工に不安も**

1995年　**阪神・淡路大震災（兵庫県南部地震）をきっかけに耐震に対する関心が高まる**

2000年　**建築基準法改正**
基礎の寸法や金具が
建築基準法で
規定されるように

2005年　耐震強度偽装問題が発覚し、
社会問題化

2007年　**建築基準法改正**
構造基準の厳格化、専門家による構造計算のチェックなどが義務付けられる

2011年　**東日本大震災が発生。地盤や防災への関心が高まる**

プロからのアドバイス

新耐震基準は1981年6月1日以降に建築確認申請を行い、受理されていることが要件になります。

中古一戸建ての
判別法

安全性2

建築基準法の不適合物件は原則、買わない

建て替え時、我が家の庭が削られる可能性も

中古一戸建てに限らず、建物の安全性、近隣への影響などを考慮するために、「建築基準法」や「都市計画法」などの法令によって、その土地にどんな建物を建てられるのか、制約を受けます。

とくに築年の古い中古一戸建ての場合、新築時は問題なかったのに、法律の改正によって現在は違法建築物になってしまった……という住宅があるので注意が必要です。こうした物件は、建て替えそのものが難しくなったり、できたとしても「今よりも小さい住まいしか建てられない」「庭が削られる」といった制約を受けることになります。

同様の物件とくらべ割安なら何か問題あり

こうした事態に陥らないために、物件チラシを検討するときに最低限チェックしておきたいキーワードは「再建築不可」。いくら割安でも、住宅ローンが受けにくいほか、建て替えや増築は許可されないため現状の建物に住み続けることになります。

「既存不適格建築物」にも注意。建てた後に法律改正があり、結果的に現在の法律に適合していないもので、たとえば建物の容積率や建ぺい率がオーバーしているなら、建て替えの際には現状よりも小さい住まいしか建てられません。また、「要セットバック」とあれば、建て替えは可能ですが、敷地の一部を道路として提供しなくてはなりません。

これらの注意書きは物件チラシの隅に小さく書かれていることが多いので要チェック。書かれていない場合もあるので、確認を怠りなくしましょう。

Check! チラシに「既存不適格」「再建築不可」「要セットバック」の文字があったら要注意！

既存不適格建築物

建築基準法やそのほかの法令に違反している建物。容積率・建ぺい率オーバーや、接している道路や間口に問題がある場合も。

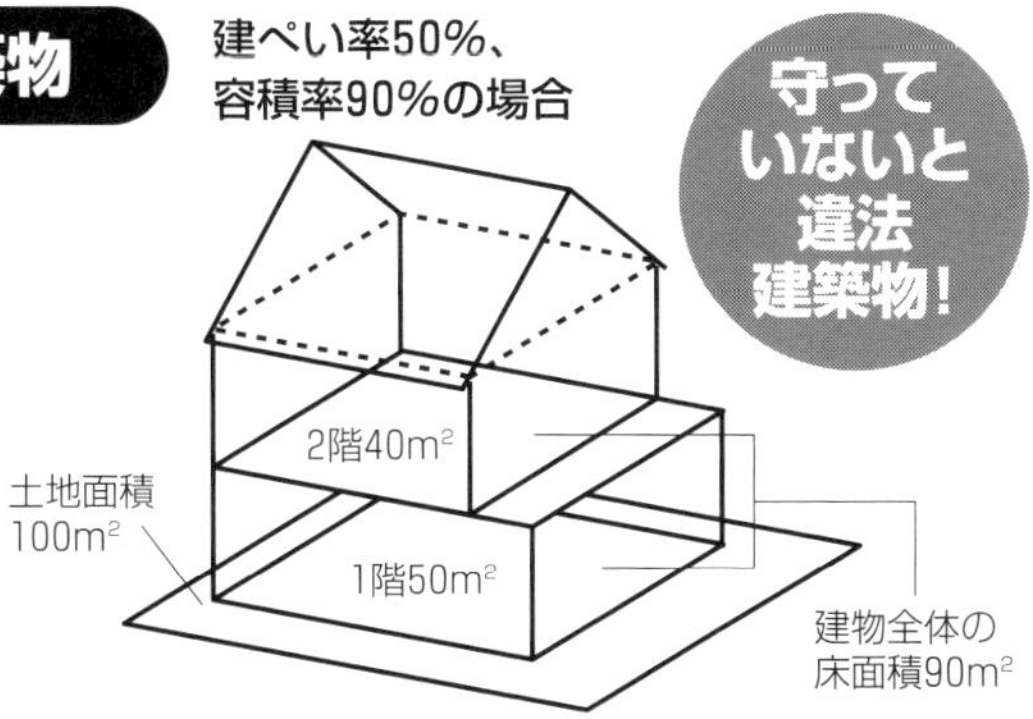

再建築不可

敷地が2m以上道路に接していないなどの理由で、建築確認を受けることができない。建て替え・増築は不可能。

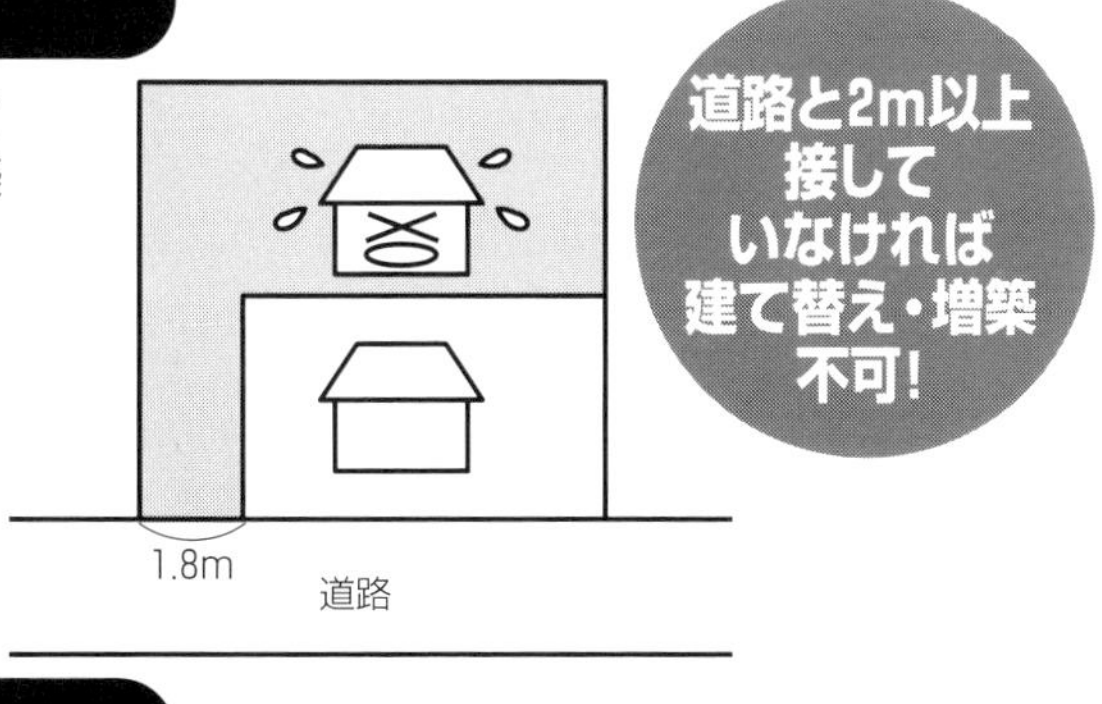

要セットバック（後退）

幅4mより狭い道路に接している場合は、道路の中心線から2mの線まで敷地をセットバック（後退）させなくてはならない。

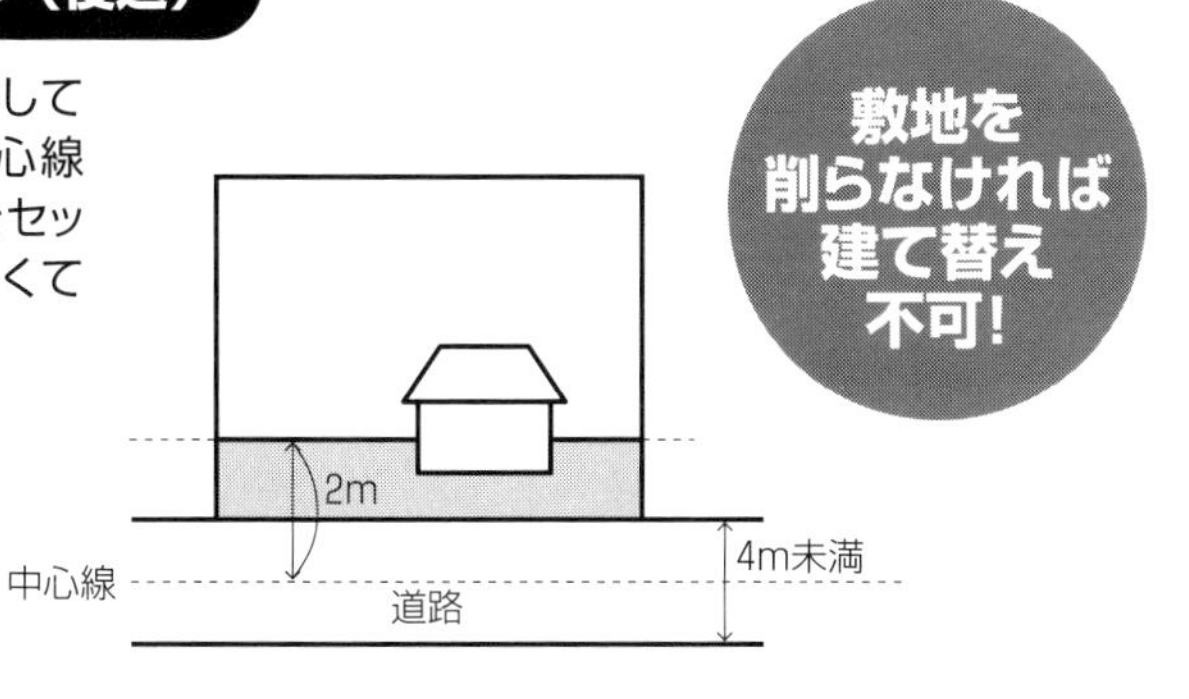

中古一戸建ての

判別法

安全性3

地盤に適した建て方になっているか？基礎工事の内容も調べよう

基礎部分に太いひびがあれば要注意

軟らかい弱い地盤なのに適切な対策をしないまま建物を建て、その重みで地盤が沈下し、建物が傾いてしまう。そんな欠陥住宅の話を耳にしますが、中古一戸建ての場合、ある程度の年数が経っていますから、そんな状態になっていれば現地見学ですぐにでも発見できます。

そうした極端な物件は別にして、家のゆがみや床のきしみのチェックでふれたような兆候（94ページ参照）を見極めることで、土台ではなく地盤そのものに問題がある可能性も判断できます。とくに基礎部分や外壁に幅0・3ミリ以上のひび割れや、深さ4ミリ以上の欠損があると要注意です（96ページ参照）。

斜面の建物なら基礎工事の内容を確認

一般的には、河川のそばや低地、また、くぼ地や水田、沼を埋め立てた土地などは地盤が軟弱である可能性があります。以前にどんな土地として利用されていたかなどについては、各自治体のホームページや管轄の法務局の閉鎖登記簿でわかります。また、低地で浸水被害が心配なら、役所の災害関係の部署に行って過去の浸水履歴を確認しましょう。こちらもネット上にハザードマップが公開されています。

斜面につくられた住宅地も注意が必要です。斜面を削って平らにした「切り土」なら安心ですが、土を盛って平らにした「盛り土」の場所は軟弱地盤になっている恐れがあります。売主や営業担当者に地盤に合った基礎工事をしているかを聞きましょう。

Check! 地盤に合った基礎工事、傾斜地の造成のやり方を知ろう

基礎工事の方法

一般的には「布基礎工法」。
建物の外周部分と壁の通る部分に基礎工事を行なう。

軟らかい地盤では「ベタ基礎工法」。
建物の下全面にコンクリートを打ち、建物を支える。
強度を高めるため、地盤に不安がない土地でもこの工法が多くなっている。

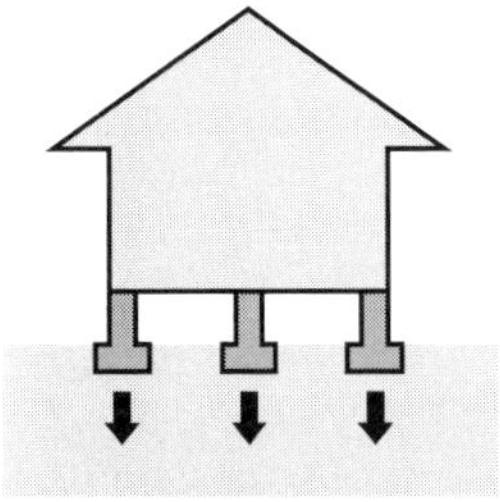

布基礎工法

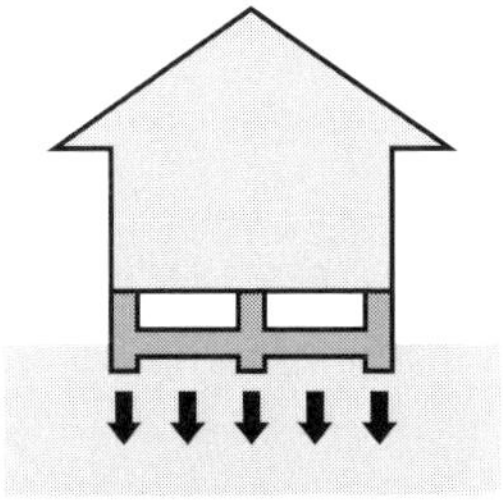

ベタ基礎工法

傾斜地での造成法

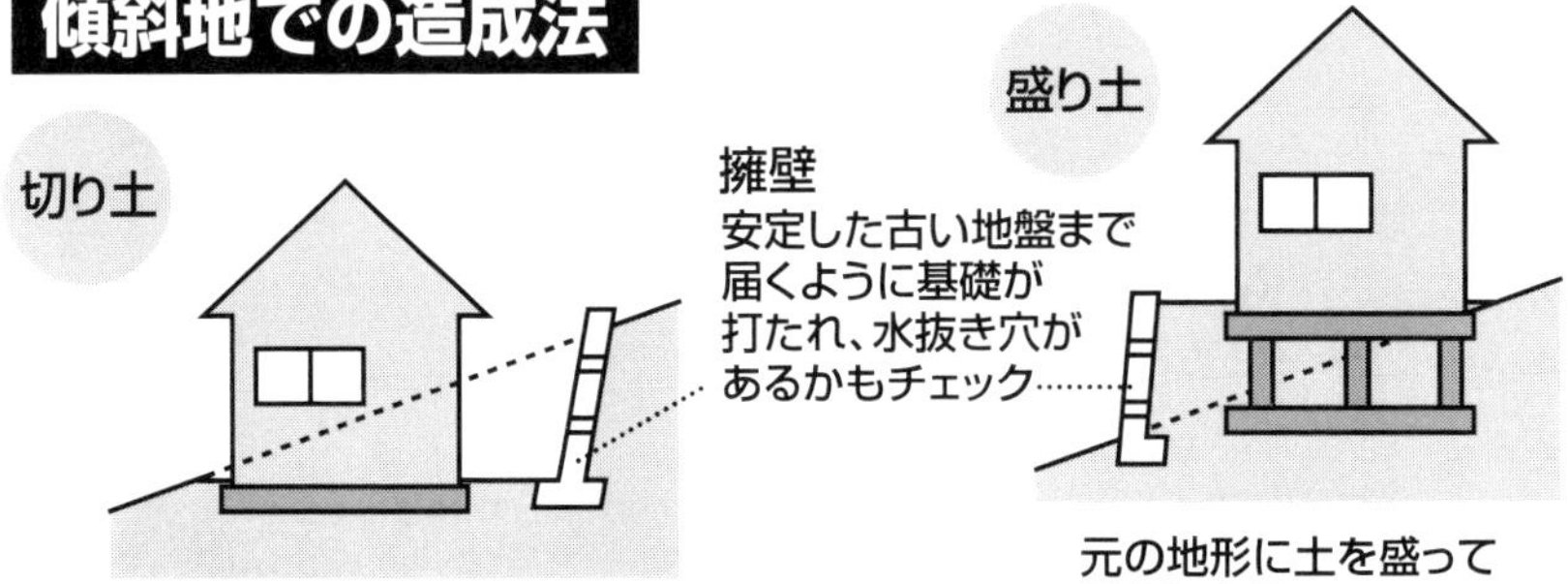
切り土
盛り土
擁壁
安定した古い地盤まで届くように基礎が打たれ、水抜き穴があるかもチェック

元の地形を削って平らにする。

元の地形に土を盛って平らにする。
1年以上かけてしっかり固めていないと問題あり。

プロからのアドバイス

地盤について不安が残る場合は、買主の費用負担で地盤調査を申し入れ、地盤について問題が見つかった場合の減額などについて、契約書に盛り込めないか営業担当者と相談してみましょう。

中古一戸建ての判別法

安全性4

ハザードマップで災害リスクを確認しよう

災害リスクの高いエリアは避ける

物件選びの際、立地の利便性に加えて、災害リスクにも注意が必要です。購入を焦らず、念の為、災害による被害予測がないエリアか確認しましょう。

代表的な地震被害の一つが液状化現象です。とくに海の近くや地盤がゆるい埋立地などで、地盤が一時的に液体のようになる現象で、建物が傾くなど大きな被害をもたらします。また、台風や豪雨による被害も増えています。高層マンションの配電設備が浸水して停電するなど、都市でも安心できません。

昨今は地域の条例で、活断層の真上や危険性の高いエリアに建物を建てられない自治体も出てきています。災害リスクのある場所にあると建て替えも難しくなり、将来の資産価値としても不安が残ります。

危険性が低い立地を調べる方法

防災意識が高まっている中、被害予測を情報提供する動きも強まっています。購入前にエリアの危険性を確認しましょう。地図上に被害程度を表示したハザードマップで、ある程度知ることができます。

国土交通省「ハザードマップポータルサイト」(https://disaportal.gsi.go.jp)の「わがまちハザードマップ」では、各市町村が作成したハザードマップにリンク。ネットで公開されていれば、地震による液状化被害などのリスク情報を得られます。

ただし、悪い地盤でも杭を深く打ち込んでいればリスクは減るので問題はないはずです。不動産会社に災害への対応ができているか確認してもらうことも大切になります。

■各種ハザードマップで危険性をチェック

洪水	浸水(内水)	土砂災害
大雨によって河川の水が大幅に増加し、水が堤防を越えたり、堤防を破って氾濫したりする被害状況。	道路冠水や住居の浸水などの被害状況。内水とは、河川の水を「外水」と呼ぶのに対し、堤防で守られた人が住んでいる場所にある水を指す。	大雨や台風時に発生する、急傾斜地の崖崩れ・土石流・地すべりなどの被害状況を表示するもの。
地震防災	**津波・高潮**	**液状化(地盤被害)**
地震発生時の揺れやすさを示したものと、揺れにより建物に被害が生じる程度や区域を示したり、地域の避難場所などを表示するものがある。	発生頻度は低いと予測されるが、最大クラスの津波が悪条件下で発生した場合に想定される浸水の区域を表示するもの。	液状化のしやすさ、しにくさを相対的に表示。一定の揺れによって地盤がゆすられたときに、どの地域が液状化しやすいかを表示するもの。

※このほか、特定の災害を対象とせず、避難経路や避難場所、防災機関等の情報を表した地図を「防災マップ」と呼ぶことがある。

■購入を検討する一戸建てのポイント

- □ 建物が密集している地域で延焼が拡大しやすくはないか？
- □ 築年度の古い建物が多く、倒壊が心配されないか？
- □ 大地震の発生時に道路が、がれきで塞がれて避難しにくくならないか？
- □ その地域には避難所が確保されているか？

プロからのアドバイス

自治体によっては防災パンフレットなどを備えているところもあります。自治体の防災体制、避難所、病院や消防、警察などの連絡先、非常時持ち出し物品リストなど、役立つ情報が掲載されている場合も多いので、目を通してみましょう。

中古一戸建ての
判別法

居住性1

住み心地を左右する日当たりや断熱性能も確認

方位だけでは日当たりは判断できない

間取りを見ているだけでは、日当たりの良し悪しはわかりません。建物の向きだけでなく、敷地がどんな条件の土地にあり、敷地の前がどんな状態になっているかで大きく左右されるからです。

これは、やはり現地で確認するしかありません。敷地の南側に障害物（大きな建物や崖など）がないか、リビングがどの方向に面しているのか、方位磁石などでしっかり確認しておきましょう。

見学時は部屋の明かりがこうこうとついていて、日当たりの悪さに気づかなかった……ということのないよう、1回、部屋の照明を全部消してみることもお忘れなく。

間取り図で想像できるのは、都心部に多くなっている2階にリビングがあるケース。南側に隣家が迫っているなどして、1階の日照がほとんど見込めないため、こうした間取りになっています。

断熱材の状態が断熱性能に影響

日当たりがよくても、施されている断熱材が粗悪だったり、施工がずさんだと、冷暖房の効きが悪くなり、光熱費が高くついてしまいます。

天井裏や床下をのぞいて、断熱材がきれいに張り込まれているかを確認します。築年数の古いものの中には断熱材がないものもあり、そうした物件では断熱性能は期待できません。

工法ではパネルを組み合わせた箱状の構造体の2×4工法のほうが、木造在来工法とくらべて断熱性は高いでしょう（98ページ参照）。

Check! 日当たりと断熱性能を判断するポイント

道路と接する向きによって日当たりが違う

北側に道路あり

建物の日陰になる北側に
玄関や駐車スペースを配置

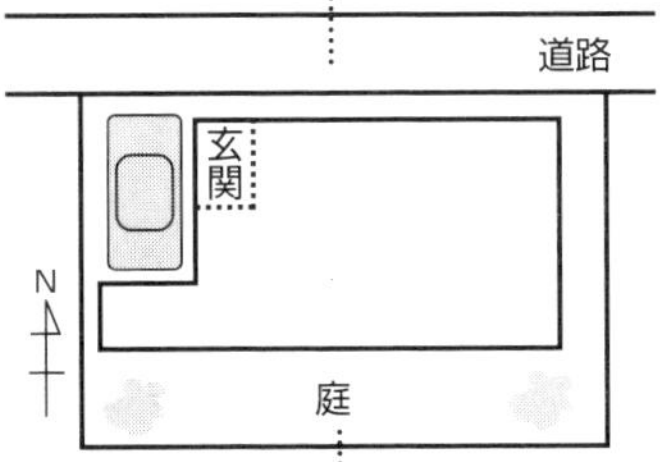

日当たりのよい南側に居室を
配置できる

南側に道路あり

南側が大きく開かれるので
南側に面した部屋には
1年中、日が当たる

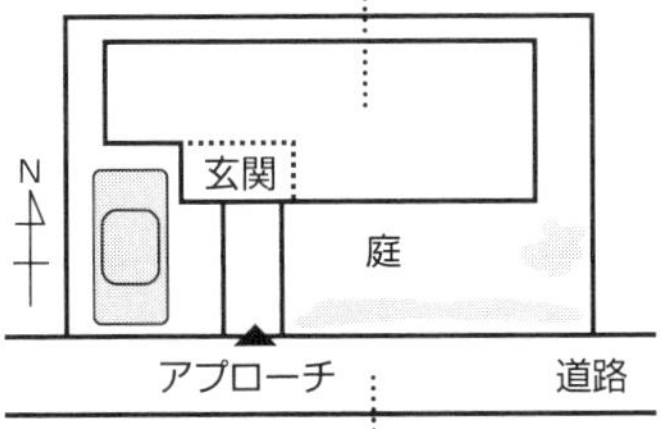

南側に玄関や駐車スペース。
日当たりのよい場所に居室を
確保しにくい

屋根裏や床下をのぞいて断熱材をチェック

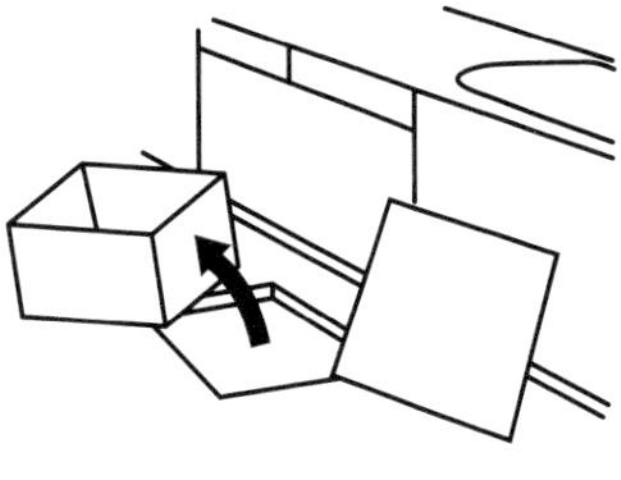

断熱性能○

- 壁はもちろん、床下、天井裏にも断熱材使用
- 2×4工法
- ペアサッシ（窓のガラスが二重）使用
- 住宅金融支援機構基準の省エネ設計

断熱性能×

- 天井裏や床下に断熱材が使われていない
- 床下や天井裏の断熱材が垂れ下がっている
- ビニールホースを天井点検口などから差し込み、断熱材のにおいをかいでみると、カビ臭い
- リビング内に吹き抜け、階段があるなど開放的な間取り

中古一戸建ての判別法

居住性2

間取り図をうのみにせず、広さや使い勝手を体感して判断する

同じ間取りでも物件によって千差万別

「4LDKで車庫付き」……最初はそんな大まかな希望で物件探しを始めることでしょう。しかし、一戸建ての間取りは多彩です。とくに木造在来工法が主流の中古一戸建てでは、同じ4LDKでも物件によって間取りの様子や部屋の広さ、形状が違います。現地見学では、そうした間取り図で読み取れない部分を体感することが重要です。

たとえば、個室の数を優先したため、LDKがやけに狭い物件や、居住スペースは広く見えても、収納スペースが少なく、家具を置くと狭くなってしまう物件もあります。また、採光優先でリビングなどパブリックスペースが2階にある物件など、いろいろです。

購入後すぐに建て替えるならともかく、修繕や部分ごとのリフォームをしながらしばらく住み続けるなら、自分たちの家族構成や生活のスタイルに合った使い勝手のいい住まいかどうかを判断しましょう。

広さや長さを空間として実感

現地見学が重要なのは、チラシなどの間取り図だけでは判断しがたい広さや長さを、空間として実感することができるからです。たとえば、押し入れなどの収納スペースの存在はわかっていても、奥行きがなかったり、柱などの出っ張りがあると収納力に大きく影響します。

また、キッチンからリビング、各部屋へ行く動線も、実際に歩いてみないと動きやすさ、動きづらさはわかりません。

Check! 代表的な間取りとタイプ別のチェックポイント

代表的な間取りタイプ

4LDK（延床面積90㎡台〜100㎡台程度）

1階にLDKと和室、それに浴室、洗面室、トイレ。2階に3つの洋室が一般的。

3LDK（延床面積70㎡台〜80㎡台程度）

１階にLDKと水回り。2階に洋室2つと和室一つ、もしくは洋室3つ。各スペースを少しずつ狭くして、4LDKにしているタイプも。

2階LDKタイプ

2階にLDKのあるタイプ。都心部では住宅が建て込んでいる立地が多く、日当たりのいい2階にLDKを設けるケースが増える傾向。

築20年くらいに多いタイプ

ユニットバスが普及していなかったため、水回りが1階に集中。2階が寝室や子ども部屋として使われる。客間や個室が確保されている。

間取りのチェックポイント

実際に歩いて動線を調べる

キッチンからリビング、各部屋への移動のしやすさを確認。部屋を通らないともう一つの部屋に移動できない間取りも。

収納スペースは容積で判断

収納スペースの数だけでなく、押し入れの高さや奥行きをチェック。床面積の15%程度が収納スペースとして確保されていると理想。

日当たり、風通しの良し悪しを確認

快適に過ごすには、日当たりのよさや風通しは重要。また道路や隣家からの視線が気にならないか、防犯面の不安がないかも確認。

部屋の位置関係も重要

親の目にふれずに子ども部屋に行ける配置も多い。子ども部屋をどこにするかなど、生活スタイルをイメージしながら部屋の位置関係を確認。

中古一戸建ての
判別法

耐久性1

床のきしみや建具の開閉で、家のゆがみや腐食をチェック

建具はすべて開閉してみる

テレビの「欠陥住宅特集」では、ビー玉を転がして「家が傾いている！」などとレポーターが叫んだりしますが、素人がビー玉で家のゆがみや傾きを見つけるのは案外難しいものです。

道具がなくても家の中の建具すべてを開閉してみるだけでも、ある程度、ゆがんでいるかどうかの感触はつかめます。

サッシやドアの建て付けが悪い場合、単なる蝶番《ちょうつがい》の調整不足ということもありますが、ちょっと持ち上げたくらいでは開け閉めできないとなると要注意。建物自体が沈んだり、曲がったりしていることがあります。

また、ふすまを閉めたはずなのに完全に閉まらず、三角形の隙間ができたりするようであれば、家の構造に傾きやねじれが出てきている可能性があります。

床のきしみにも注意

床が1カ所くらいぎしぎしする程度なら、床板自体の反りやはがれによるものと考えられ、簡単な補修で解消します。しかし、「床がブワブワする」「足で踏んだときに沈む」「あちこちから床鳴りがする」といった場合は、欠陥工事や土台が腐食しているなどの可能性があります。床下収納の収納部分をはずして懐中電灯で照らして土台の様子を確認したり、湿気やカビ臭がないかもチェックしてみましょう。

大きなゆがみや狂いがあれば根本的な欠陥を抱えている場合が多く、建て替えや大規模な修繕を考えていない限り、購入を避けたほうがいいでしょう。

Check! 家の傷み・ゆがみがないか天井から床下まで確認

異常があれば根本的な欠陥の可能性も

壁

・ゆがみによるクロスのよじれ

窓やふすま、ドア

・建て付けが悪くないか
・閉めたとき隙間ができないか

床

・床鳴り
・ブワブワ、ベコベコした感触（とくに水回り近辺）
・水平器などで傾きがないかを確認

床下

・湿気やカビ臭さ
・シロアリによる木部の傷み

床下をのぞいて確認

床下のきしみは床下構造に原因あり！

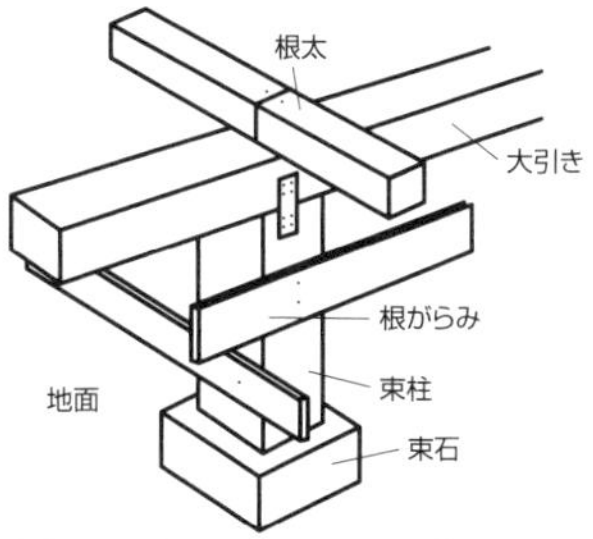

床板を支えるために床下に通っているのが「大引き」と呼ばれる横梁。それを地面で支えるのが「束柱」と「束石」。この3つに隙間があったり、ずれたりしているなどの手抜き工事があると床がきしむ原因に。床下をのぞいてチェックしよう。

プロからのアドバイス

水回りや収納内部に「点検口」があると、配管からの水漏れや腐食、シロアリのチェック、屋根からの雨漏りなどを特定したり修理するのに便利です。

中古一戸建ての
判別法

耐久性2

屋根・基礎・外壁のクラックは広さと深さで危険度を判断

基礎部分はとくに念入りに！

中古一戸建ての見学では、外回りもていねいにチェックしましょう。内装のリフォームではつくろいきれない問題点を発見できることが多々あります。

必ず確認したいのは基礎部分。表面上の小さな亀裂は問題ありませんが、コインが差し込めるほど（幅0・3ミリ、深さ4ミリ以上）の深い亀裂（クラック）があるなら大問題！　地盤が軟弱で、不同沈下（不均一に沈んでしまうこと）を起こしている可能性があります。そうした場合には、家全体もひずんでいますから、耐震性・耐久性がおぼつかなくなっているといえるでしょう。

長年放置されたクラックは要注意

外壁のクラックに関しては、砂とセメントを混ぜたものを塗るモルタル仕上げなら小さなものはやむを得ないものです。簡単なリフォームで解消できます。ただし、大きな亀裂では、そこから雨水がしみ込んで、壁内部や断熱材がカビや腐食でボロボロになっている可能性も。モルタルが妙に浮き上がっている箇所がいくつもあるなら問題ありです。

最初からサイディング（130ページ参照）の外壁なら、さほど心配しなくても大丈夫ですが、問題なのは、ボロボロになったモルタル外壁に、サイディングを上からかぶせてごまかしているケース。サイディングを強めに押してみて、不安定な感触が多いなら要注意です。

屋根については、上ることは難しいですが、できるだけひずみや劣化がないかを確かめましょう。

Check! 屋根・基礎・外壁にも家の傷みがあらわれる！

折れ曲がっていたら家全体のゆがみも

雨どい

◎つまり、はずれ、ひび
◎たわみ

見えにくいのでリフォーム履歴を確認

屋　根

◎瓦のずれ、割れ
◎スレートのずれ、割れ、さび、色あせ
◎金属板のさび、浮き、色あせ

ぐらつきがあれば身の危険に直結

バルコニー

◎腐食、破損、ぐらつき

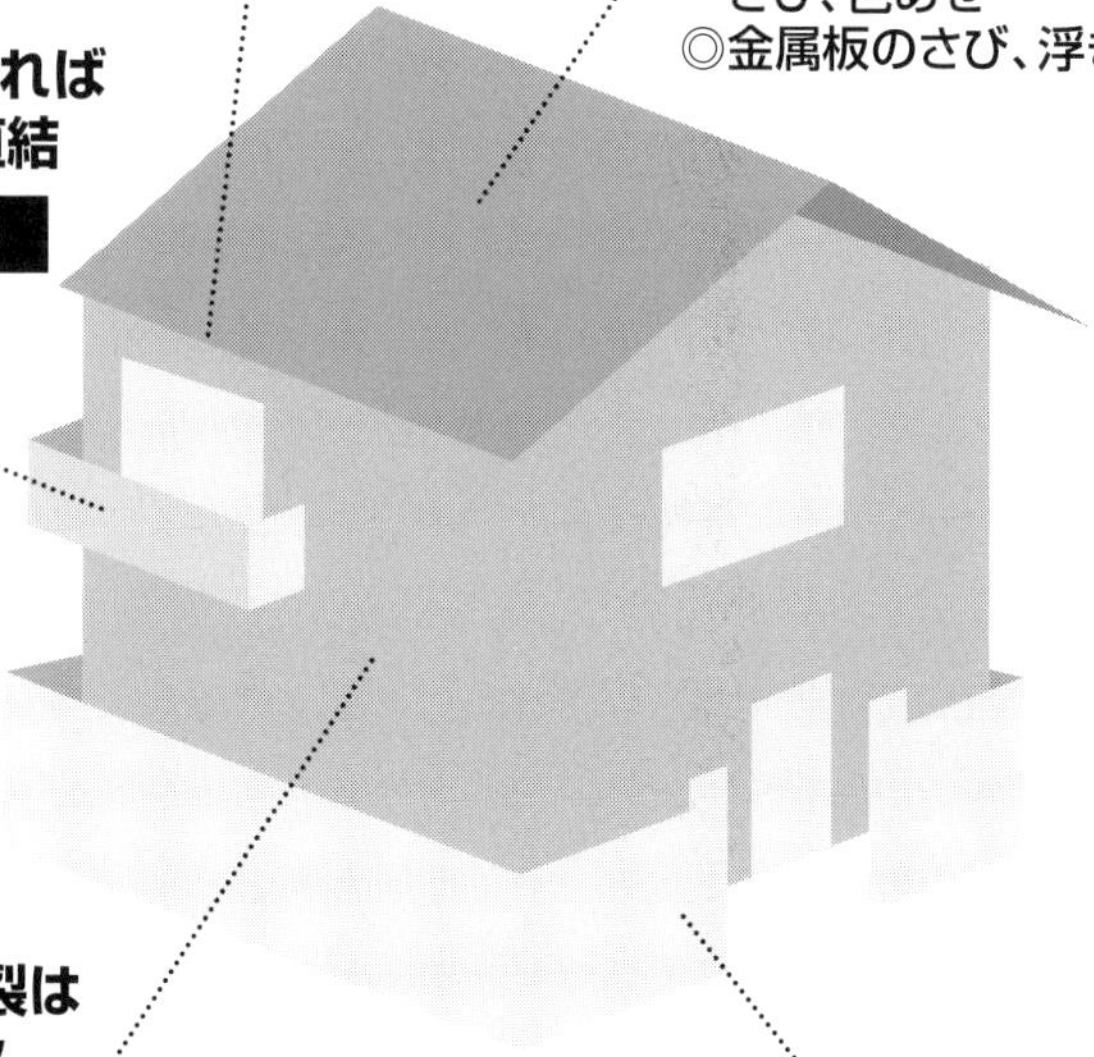

大きな亀裂は要チェック

外　壁

◎汚れ、色あせ
◎モルタルの大きな亀裂、浮き
◎タイルの割れ、はがれ
◎サイディングの割れ、変形、ゆるみ、さび、シーリング（充てん材）の劣化

塀の傾きは地震の際に心配

門扉・外構

◎塀の傾き、はがれ、ひび割れ
◎ポストやインターホンの作動不良

中古一戸建ての判別法

リフォーム性

建物の構造・工法によって、住み心地や間取りの自由度が違う

通気性や間取りの自由度なら「木造在来工法」

112〜113ページでも詳しくふれていますが、一戸建ての建築工法としては、主に「木造在来（軸組）工法」と「2×4工法」の2つが知られています。住み心地や間取り変更の自由度が異なるので、どんな工法なのか確認が必要です。

木造在来工法は、複雑な形の敷地に合わせて建てたり、あるいはリフォームによる間取りの変更にも対応しやすい工法です。大きな窓をつけることが可能で、通気性に優れています。ただし、細かい技法が必要とされるため、施工する工務店や使う材料によって、仕上がりや性能にバラつきがあります。

古くからの工法であり、木造在来工法を行う工務店が多いことから、中古一戸建てで出てくるのは圧倒的にこのタイプ。窓部分に小屋根がついているなど、凸凹のある外観が特徴です。

耐震性・断熱性に優れた「2×4工法」

2×4工法は、使う材料や施工法が国土交通省の基準により明確化されているので、施工にバラつきが少ないといわれています。

壁全体で家を支えるため、地震や台風に強い建物になります。また、断熱性にも優れています。

ただし、壁で支えるために窓などの開口部は小さめです。また、壁を取り払うといった間取りの変更、水回りの設備の移動も困難です。2×4工法の中古一戸建てを買うときは、間取りの使い勝手をしっかりと吟味しておきましょう。外観の特徴としては、凸凹が少なく、1階と2階が同じような形状です。

Check! 木造在来工法と2×4工法の特徴と見分け方

木造在来工法

木材を柱・梁といった「軸」として組み立て、建物を支える。日本の多くの一戸建てはこの工法で建てられている。

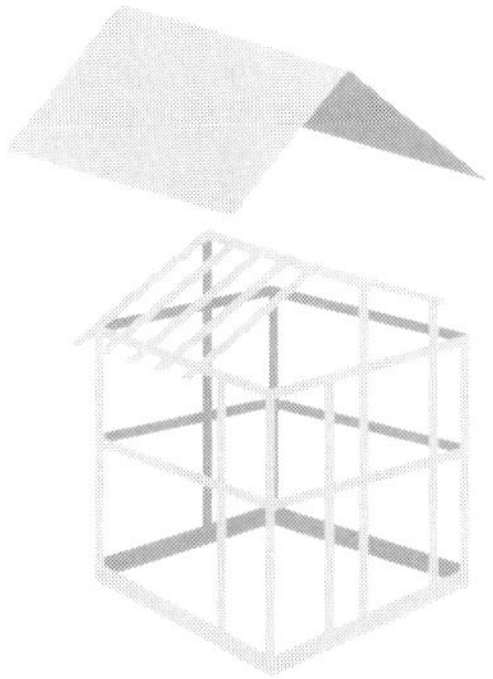

メリット
・通気性のよさ
・修繕、リフォームのしやすさ

デメリット
・工務店や材料によって仕上がりや性能にバラつきがある

見分け方
・小屋根があるなど凹凸のある外観
・窓が大きめ
・室内に柱や梁の出っ張りがある

2×4（ツーバイフォー）工法

欧米で普及している工法。木材でつくった枠に、パネルを張り、壁・天井・床の6つの「面」で建物を支える。輸入住宅の多くや三井ホームの物件はこの工法。

メリット
・耐震性、断熱性に優れる
・柱や梁がないので大空間をつくりやすい

デメリット
・窓が少なく、小さめ
・間取り変更がしにくい

見分け方
・外観の凹凸が少ない
・1階と2階の形状がほぼ同じ
・ドーマー（屋根窓）があるものが多い
・室内に梁など出っ張りがない

中古一戸建ての

判別法

品質 1

国が性能や品質を保証する認定制度について知っておこう

従来からの2つの購入者向け認定制度

国は住宅を安心して購入できる、いくつかの制度を設けています。「住宅性能表示制度」は、不動産会社とは別の第三者機関が、住宅の耐久性や耐震性、シックハウス対策など、法律で定められた基準に沿ってチェックしてくれる制度です。

その結果は、「住宅性能評価書」にまとめられて、購入者に交付されます。ただし、この書類があればすべての性能がよいというわけではありません。客観的な基準で1～3の等級に分けられるので、複数の物件を比較する目安にはなるかもしれません。

さらに「長期優良住宅」という認定制度もありますが、売主が取得するのに時間とコストがかかることもあり、今のところ中古住宅には多くありません。

中古住宅に特化した「安心R住宅」

2018年4月に始まった「安心R住宅」は、これまで中古住宅にあった「不安」「汚い」「わからない」（物件情報が少ない）といったマイナスイメージを払拭し、中古住宅の流通を促すために国が設けた、事業者団体向けの登録制度です。

安心R住宅の認定を受けて売り出されている物件は「耐震性を有している」「インスペクション（建物状況調査等／102ページ参照）によって構造上の問題や雨漏りがないと診断されている」「リフォーム済み、または予定である」など、ある程度、国からお墨付きをもらった物件と考えていいでしょう。

近年のさまざまな試みによって、品質の高い中古マンションがより選びやすくなっているのです。

Check! 安心して中古を購入できる「安心R住宅」とは？

■「安心R住宅」に認定されるための要件

従来のイメージ	要件
不安？	◎現行の建築基準法の耐震基準に適合すること ◎管理規約および長期修繕計画を有するとともに、住宅購入者の求めに応じて情報を開示すること（管理組合の承諾が必要） ◎インスペクション（住宅診断）を実施し、構造上の不具合および雨漏りが認められないこと ◎既存住宅売買瑕疵保険契約を締結するための検査基準に適合していること
汚い？	◎事業者団体ごとにリフォームの基準を定め、基準に合致したリフォームを実施していること ◎リフォームを実施していない場合は、リフォームに関する提案書（参考価格など）を付すこと ◎外装、主たる内装、台所、浴室、トイレ、洗面設備の現況の写真等を閲覧できるようにすること
わからない？	◎下記※について情報収集を行い、広告をするときに書面を作成・交付すること ※建築時の適法性、住宅性能評価に関する情報、フラット35適合証明書、維持管理計画、点検・診断の記録、リフォーム工事・改修に関する書類、修繕積立金の積立状況に関する書類 など

安心R住宅
一般社団法人
○○○○協会

・広告に左の標章（マーク）があれば、安心R住宅。マークだけで、登録団体の名称が併記されていない場合は虚偽なので注意。
・広告に表示されている仲介業者が「安心Ｒ住宅」の標章に併記されている安心R住宅推進団体（https://www.mlit.go.jpから該当ページへ）から標章の使用許諾を受けているか、念のため、各団体のホームページなどで確認を。

中古一戸建ての

判別法

品質2

専門家の「住宅診断」で安心度がさらに向上

住宅のプロが第三者の目で客観的に検査

2018年4月、宅地建物取引業法の改正により、不動産仲介会社は売主に対して住宅診断を行うか否かを確認すること、買主に対しては住宅診断を行っているか、またその内容を説明することなどが義務付けられました。住宅診断とは、中古住宅を安心して売買できるように、住宅の専門家が第三者の立場で客観的に検査するもので、ホームインスペクションとも呼ばれます。検査する内容は、住宅の基礎・外壁等の部位に生じているひび割れ、欠損といった劣化や不具合の状況になります。

住宅性能表示制度が建物の構造や火災時の安全性などの観点で検査を行うのに対し、住宅診断では内装や設備なども確認し、不具合があれば修繕時期やその概算費用なども教えてくれます。

実施の有無を購入時の判断材料に

実際の住宅診断では、目視を中心とした非破壊検査（一次的インスペクション）によりトラブルを把握し、その結果を依頼主に報告します。安心R住宅（100ページ参照）には、最低限この検査をクリアした物件でないと登録できません。なお修繕や補修が必要な不具合が見つかった場合には、さらに詳細な検査を行う「二次的インスペクション」や、リフォーム工事の実施時などには「性能向上インスペクション」を行うこともあります。

住宅診断は任意なので、実施するかは売主によります。また、売主と買主のどちらが費用（5万〜7万円程度）を負担するかはケースバイケースです。

Check! 住宅診断のしくみを知って安心して購入できる住まいを獲得！

■インスペクション（住宅診断）のイメージ（個人間売買の場合）

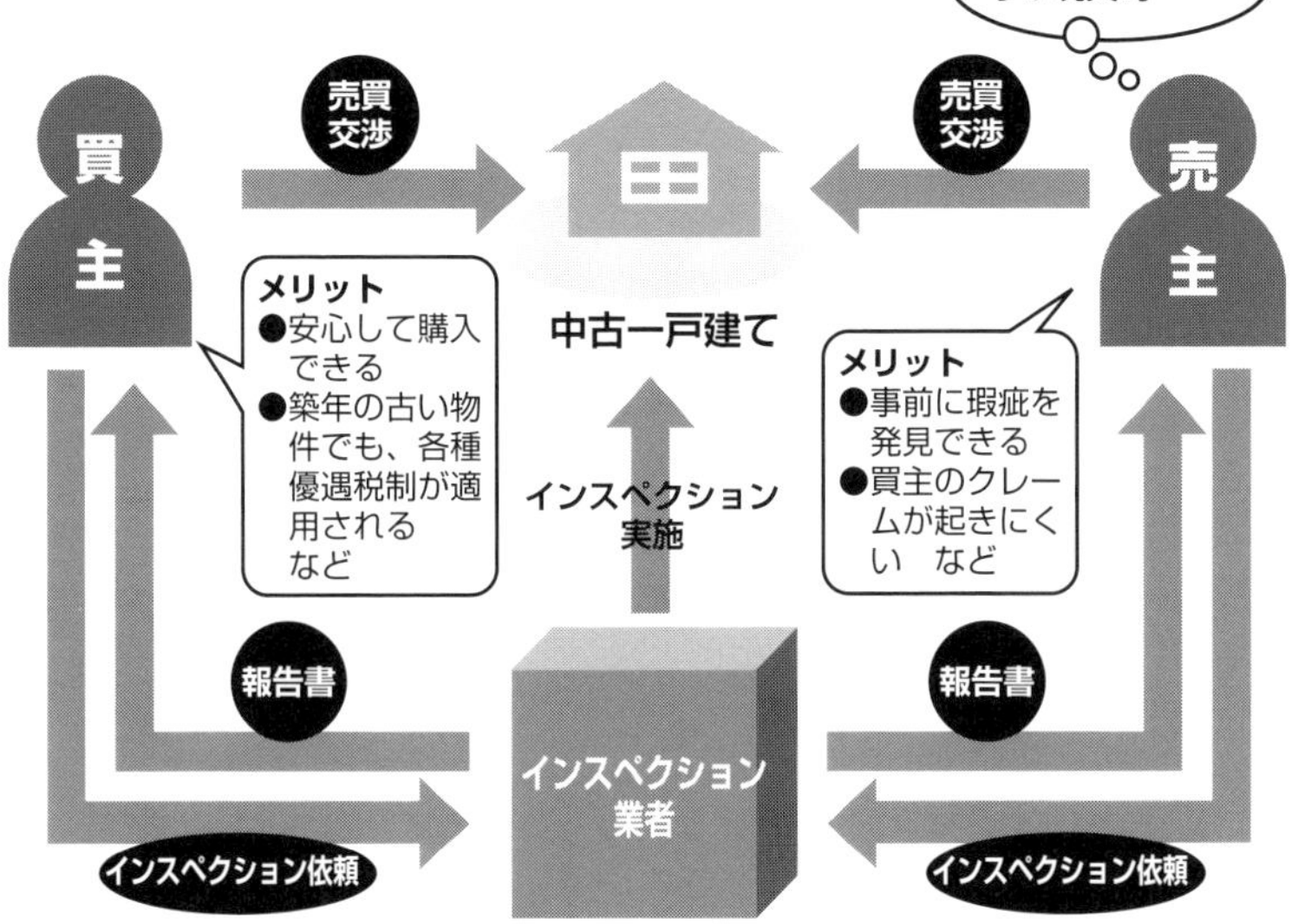
どちらかというと売主が依頼するほうが現実的

●事前に瑕疵を発見できる
●買主のクレームが起きにくい　など

■インスペクションとは

●築年の古い物件でも、各種優遇税制が適用される

	一次的インスペクション	二次的インスペクション	性能向上インスペクション
概要	既存住宅の現況を把握するための基礎的なインスペクション	劣化の生じている範囲や、不具合の原因を把握するための詳細なインスペクション	省エネリフォームやバリアフリーリフォームを実施する際に、住宅性能を把握するためのインスペクション
メリット等	●中古住宅の売買時に補修工事の必要性を把握 ●維持管理のために現況を把握できる	●リフォーム工事前に対象範囲を特定 ●一次的インスペクションで詳細な検査が必要とされた場合	●リフォーム工事の実施時 ●内装、設備リフォームの実施時

COLUMN

物件を見極めるための チェックリスト

■概要編

所在地／

交通／最寄り駅（　　　　）線（　　　　）駅

バス（　　）分　徒歩（　　）分

価格／（　　　）万円

敷地面積／（　　）坪または（　　）㎡

建物面積／（　　）坪または（　　）㎡

駐車場／□あり　□あるが車種制限あり
□なし

間取り／

築年／（　　）年築

地目／□宅地　□その他（※登記簿で確認）

用途地域／（　　　　　　　　　　）

建ぺい率・容積率／（　　）％・（　　）％

接道／□公道　□私道

（　　）側（　　）m幅に（　　）m接道

その他注意事項／□再建築不可
□既存不適格建築物　□要セットバック
□計画道路あり

■詳細編

軟弱地盤の恐れは／□低地　□埋立地
□傾斜地

その場合、対策は／□地盤改良工事
□ベタ基礎　□その他（　　　　　　）

隣地との境界／□目印になる境界石あり
□目印になる塀あり　□境界があいまい

日照・通風・騒音／□南側隣地建物との距離
（　　　　　）m

□その他日照・通風・騒音に関して問題あり
（　　　　　）

リフォーム履歴／内装（　　）年
水回り（　　）年　外装（　　）年

詳細図面／□あり　□なし

工法／□木造在来工法　□2×4工法
□その他（　　　　　　　　）

屋根の傷み／□ずれ　□割れ　□さび
□色あせ

雨どい／□つまり　□はずれ　□ひび
□たわみ

バルコニー／□腐食　□破損　□ぐらつき

外壁の素材／□モルタル　□サイディング
□その他（　　　　　　　　　）

外壁の傷み／□汚れや色あせ　□大きな亀裂
□浮き、変形　□タイルの割れ、はがれ
□ゆるみ、さびなど

門扉・外構／□塀の傾き、はがれ、ひび割れ
□ポストやインターホンの動作不良

天井／□雨漏りのあとあり

壁／□汚れ　□カビ　□はがれ　□よじれ

建具／□建て付けが悪い
□閉めたとき隙間ができる

床／□床鳴り　□ブワブワ、ベコベコする（とくに水回り周辺）　□傾いている

床下／□湿気やカビ臭さがある
□木部がボロボロ

断熱対策／□住宅金融支援機構基準の省エネ設計
□ペアサッシ　□床下、天井裏にも断熱材

付属機器の動作確認／□動作不良あり
（　　　　　　　　）

インフラ確認／□下水道が通っていない
□プロパンガス／□都市ガス

保証／□既存住宅売買瑕疵保険付き
□その他保証制度（　　　）保険付き　□なし

周辺環境／□駅から自宅までの利便性・治安状況に不安あり（　　　　　　）
□利用したい周辺施設（　　　　）まで徒歩
（　　）分
□災害危険区域などに該当していないか

物件でとくに気に入った点／
（　　　　　　　　　　　　　）

物件でとくに気になった点／
（　　　　　　　　　　　　　）

第4章

失敗しない
リフォーム・
建て替え
のポイント

中古一戸建ての
リフォーム

リフォーム・リノベーションで家をよみがえらせる

中古のデメリットをリフォームで解決！

新築物件にくらべて安い価格帯で物件を選びやすいのが中古の魅力ですが、「見学してみると、ボロボロでがっかり……」という声も聞かれます。たしかに中古は間取りや設備が古い物件もあり、新築よりどうしても見劣りすることがあります。しかし、こうしたデメリットはリフォームで解決できます。

価格が安いぶんをリフォームに回し、予算の範囲内で自分の思いどおりのプランを実現する方法です。リフォームのきっかけとして「中古一戸建てを購入したから」と答える人は少なくありません。また、最初から「中古マンション購入＋リフォーム」を前提に物件を探し、購入と同時にリフォームをする人も多いのです。

見た目も機能も向上させるリノベーション

国土交通省では、リフォームは「新築時の目論見に近づくよう復元すること」、リノベーションは「新築時の目論見とは違う次元に改修すること」と定義しています。つまり、リノベーションは目に見える内装工事だけでなく、住む人のライフスタイルに合うよう機能面を向上させることを意味しています。

中古一戸建ての中には、きれいにリフォームされている物件もあります。ただし、壁紙を張り替えて見栄えだけをよくしていて、いざ住み始めると生活動線が使いづらいなど、機能面に問題を抱えている物件も少なくありません。「リノベーションで見た目も機能も生まれ変わらせることができる」ことを知っていれば、物件選びの選択肢は広がるはずです。

Check! 家族が望む住まいをリノベーションで実現しよう！

■リフォームの動機（複数回答）

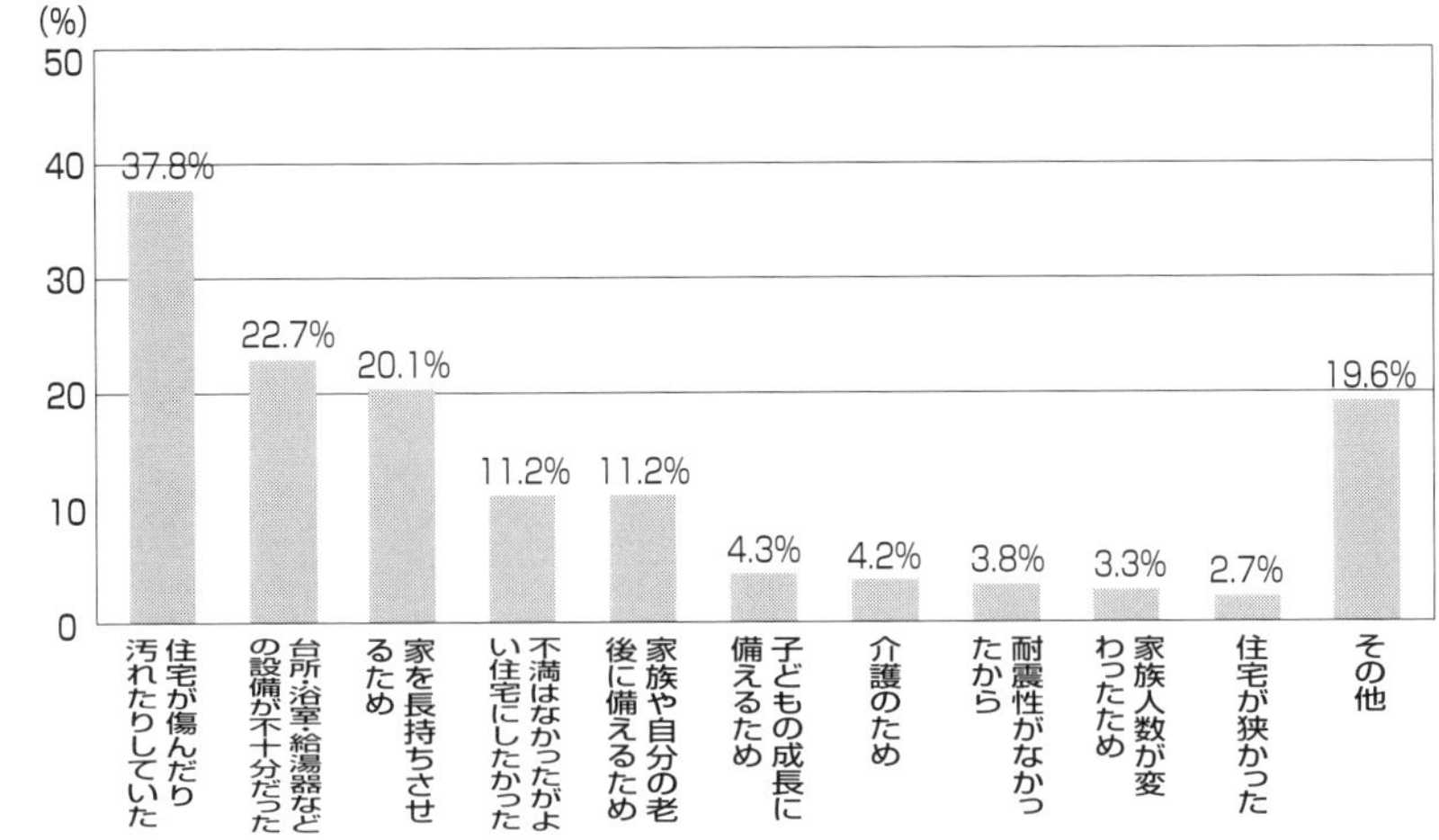

（国土交通省「住宅市場動向調査報告書」令和元年度）

■リフォームとリノベーションの違い

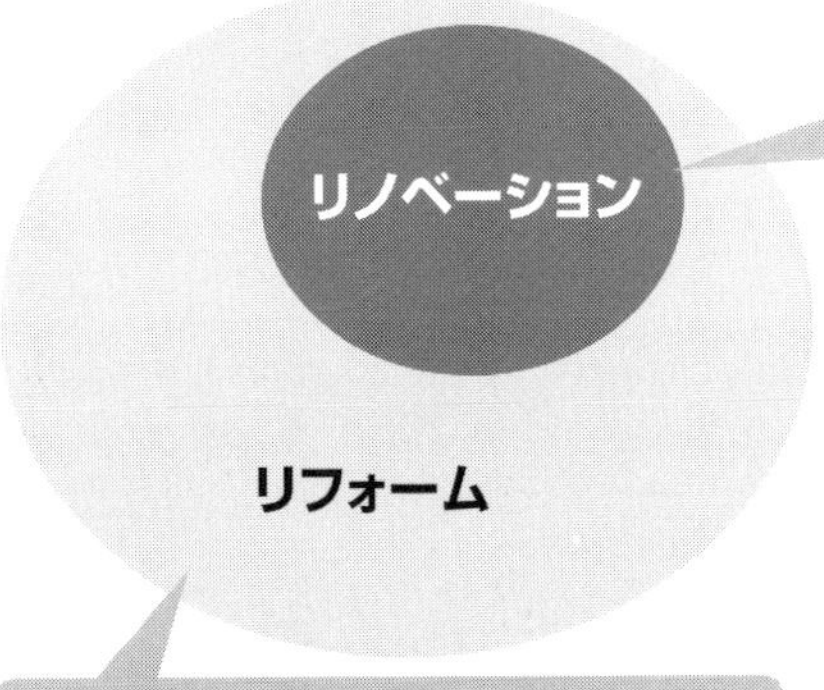

住む人のライフスタイルに合わせて、住まいを丸ごとつくり替える。間取りの変更を伴うことが多く、リフォームと比較して費用がかかる

坪単価　40万～60万円

スケルトン（骨組みだけの状態）にすることが多いため、高額になる傾向がある

新築時の状態にできるだけ近づけること。クロスの張り替えや設備の不具合を修繕したり、キッチンを入れ替えるなど、比較的小規模な工事

坪単価　20万～50万円

設備の交換を行うケースなどは、工期が短く、費用を抑えられるものも多い

中古一戸建ての
リフォーム

リフォーム会社の選び方と依頼のタイミング

リフォーム前提なら選択肢が広がる

　リフォームにより、まったく新しい自分だけの住まいをつくることができるのも、中古一戸建ての大きな魅力です。質のいいリフォームは、資産価値を高めて住宅の寿命を延ばすのはもちろん、廃棄物を出さないエコロジーの観点からも注目されています。

　欧米などの場合、土地価格が安いこともありますが、地価よりも建物価値のほうが購入価格に影響します。いかに手入れを行い、暮らしやすく美しい住まいであるかが、資産価値を決めるポイントになっているのです。もちろん、日本の木造住宅でも、構造さえしっかりしていれば、適宜メンテナンスを行うことで寿命を長く保つことができます。

　物件探しにあたり、手を入れないことを前提としてしまうと、どうしても価格帯が高めの築浅物件ばかりに目が向きます。しかし、見た目は古くてもリフォームを前提に物件を見ていくと、自ずと選択肢が広がっていくのです。

リフォーム会社の選び方

　リフォームの成否は、リフォーム会社選びにかかっています。本章の１１０ページ以降を読み、リフォーム箇所や予算にある程度当たりをつけたら、複数のリフォーム会社に見積もりを依頼して、比較検討してみましょう。

　ただし、安易に選ぶと悪徳業者に引っかかる可能性もあるので注意が必要です。

　リフォームを扱っている会社には、左ページの表のように、全国展開している大手のほか、住宅設備機器系など、さまざまなタイプがあります。得意なリフォームは何か、過去の施工写真などを見せてもらいながら話を聞いてみてください。

見積書を見て、わからない専門用語などがあれば、質問してみましょう。答えられなかったり、契約を急がせたりする業者は選ぶべきではありません。業者によって大きく金額が違う場合には、その理由が納得いくものであるか、判断する必要があります。

リフォーム依頼のタイミング

収納や玄関回りなどの小規模なリフォームなら、中古一戸建てを購入し、住み始めてからじっくりとリフォーム会社を探し始めても遅くはありません。

ただ、ある程度大がかりな工事を行いたい、入居と同時に新しい空間で過ごしたい、住宅ローンとリフォームローンを一本化したい（174ページ参照）といった場合には、購入する物件探しと同時進行でリフォーム会社も探しておくのが賢明です。

購入を決める前に担当者と一緒に物件を見てもらえば、希望どおりのリフォームができるか判断してもらえますし、購入物件の引渡し直後にリフォームを開始することができるので、効率的でもあります。

■リフォーム会社のタイプ

	特徴	得意なリフォーム
住宅メーカー系／不動産会社系	大手の住宅メーカーや不動産会社が設立したリフォーム会社	一級建築士やインテリアコーディネーターなどの有資格者が在籍し、設計力、提案力、施工力などトータルで安定したレベル。どちらかというと大規模なリフォームが得意
設備機器系	住宅設備機器のメーカーが設立したリフォーム会社	ガスや水回りなど、扱っている商品ごとに得意分野は異なる
工務店系	住宅の建築を請け負う工務店は、地元密着型で細かな要望に応えてくれる	小規模から大規模まで、オールラウンド。相談に乗ってくれる人と施工する人が同じなので、行き違いが少ない
インテリアショップ系／ホームセンター系	インテリアショップやホームセンターにリフォーム部門を置いている	店で購入した家具やシステムキッチンなどをコーディネートするなどの小規模リフォームが得意
設計事務所	設計、施工監理を担当し、実際の施工は工務店に依頼する	こだわりたいポイントがあるリフォーム、大規模なリフォームが得意

中古一戸建てのリフォーム

この価格でここまでできる！部位別リフォーム予算

物件価格との兼ね合いを考える

物件の購入後すぐにリフォームしたいと考えているなら、大まかな総予算を決め、「物件購入費用」と「リフォーム費用」に割り振っておくことをおすすめします。その理由は、予想外にリフォーム費用がかさんでその後の生活が苦しくなったり、物件購入につぎ込みすぎて、リフォームに資金を回せなくなったりといったことを防ぐためです。

154ページで、購入できる物件価格（リフォーム予算込み）を算出しましょう。もし、3500万円という額が出たら、「築浅・3300万円の物件」で「200万円で内装リフォーム」という選択肢もあれば、「築20年・2800万円の物件」で「700万円で全面リフォーム」という選択肢もあります。

標準的なリフォームで約231万円

リフォームの予算といっても、中古一戸建てのリフォームは、築年数、間取り、設備、家族構成、ライフスタイルなどにより費用が異なり、一概にはいえません。

国土交通省「令和元年度 住宅市場動向調査」によれば、リフォームにかかった資金（マンションも含む）の平均は178万円となっています。リフォームの中身は、老朽化したキッチン、トイレといった設備の改善・変更、床や壁の張り替えといったシンプルなものが中心となっています。

間取り変更や構造部分の補修、デザイン重視のリフォームまですると、500万円以上見ておくのが一般的です。

中古一戸建ての
リフォーム

床・壁・天井

この値段でコレができる

- ●床・フローリングの重ね張り▼8万円台～（6畳、材料・工事費込み）
- ●壁・ビニールクロスの張り替え▼4万円台～（6畳、材料・工事費込み）
- ●天井・ビニールクロスの張り替え▼3万円台～（6畳、材料・工事費込み）

床は「張り替え」と「重ね張り」がある

フローリングに替える場合、方法は2つあります。既存の床に「重ね張り」する方法と、既存の床をはがす「張り替え」です。

下地に腐食や床鳴りなどの問題がない場合には、専用フローリングを使って重ね張りができます。既存床の撤去がないぶん、工事費が抑えられ、工事期間も短く済みます。

一方、下地に問題がある場合は、下地を取り替えなければならないので、床は当然、張り替えになります。また、天然木を製材した無垢材など特定のフローリングを使いたい場合も重ね張りはできません。

壁・天井の場合は、リフォーム用のビニールクロスを使います。通常、ビニールクロスをはがすと下地にクロスが残ります。その凸凹をカバーするため、リフォーム用クロスは、やや厚めになっています。また、最近は自然素材を使った壁紙が登場しています。独特の質感が魅力ですが、リフォームに使用するには、下地調整の必要があります。

プロからのアドバイス

床の下地に問題がなければ、両面テープで簡単に施工できる市販の床材を使い、自分で重ね張りもできます。

中古一戸建ての

リフォーム

間取り変更

この値段でコレができる

●木造在来・鉄骨系プレハブ工法▼比較的安く済む

●2×4工法、木質・コンクリート系プレハブ工法▼比較的高い

構造によって変更の自由度は変わる

リフォームするにあたって、「2部屋を一つにして大きな部屋にしたい」というような希望を持っている人は多いのではないでしょうか。

しかし、住まいの構造により、耐久性の問題から柱や壁の取り外しが大きく制限されるので注意が必要です。

リフォームで建物の寿命を縮めないためには、建物の構造と、どのようなリフォームができるかを知ることがポイントです。

変更が簡単にできる木造在来（軸組）工法

もっとも一般的なのが、「木造在来（軸組）工法」です。この工法で建てられた木造住宅は、柱と梁で上からの荷重を支え、柱と柱の間などに斜めに入れた補強材「筋交い」（34ページ参照）で、地震など横からかかる力を受けています。

この柱、梁、筋交いは簡単に取り外せませんが、それ以外の部分である壁に手を加えることは簡単です。間仕切り壁を取り除いて、新たに窓を設置できるなど、間取り変更の自由度が高いといえます。

制限がある2×4工法

「木造枠組壁工法」ともいわれ、切り口が2インチ×4インチの木材と構造用合板とで組み立てられたパネルにより、床・壁・天井の面を構成します。建物を支える役割を果たす壁を安易に取り去ったり、窓やドアを設けると、建物全体の耐久性を失い、危険な事態に陥ります。

■住宅の工法別に見た間取り変更のしやすさ

工法名	自由度	特徴
木造在来（軸組）工法	◎	柱と梁で建物を支えているので、比較的間取り変更の自由度が高い
2×4工法	△	基本的に耐力壁は取り外せない。取り外すなら、新たに耐力壁を設けるか、柱を補強する
プレハブ工法〈木質系・コンクリート系〉	△	壁が建物を支えるため、壁を取り除くのが難しいので、間取り変更前に住宅メーカーに相談する
プレハブ工法〈鉄骨系〉	◎	木造の工法と同じく、柱や梁で建物を支えるため、間取り変更しやすい

どうしても壁に手を加える場合には、新たに耐力壁や柱を設けて、取り去った壁の代用をさせます。施工会社と十分に検討してからリフォームするのがおすすめです。

種類によって異なるプレハブ工法

あらかじめ工場で大量生産された部材を現場で組み上げるのがプレハブ工法です。

木質系、コンクリート系、鉄骨系などに分類されますが、鉄骨系は木造在来工法と同じように、柱と梁で建物を支えるため、間取り変更に柔軟に対応します。

一方、木質系、コンクリート系は、壁で建物を支えるので、制限があります。ほかに、特殊な構造・工法になっているものもあり、この場合については、その住宅をつくったメーカーに依頼するのがいいでしょう。

ちなみに、増築する場合には、鉄骨系以外は既存部分と同じ工法でつくるのがおすすめです。構造が異なると、地震のときなどに揺れが異なってくるので、接合した部分に亀裂などの損傷が生じる可能性があるためです。

間取り変更

快適性と意匠性を兼ね備えた和モダンな住まい

POINT

①和室は普段使いを想定。だからこそ、式台や掘り炬燵、床の間、一点物の床柱など、心安らぐ上質な空間に。
②③和室の正面にあったキッチンを、直接視界に入らない位置（写真右側）に移動。
④趣味も多いことから、ご夫婦それぞれウォークインクロゼットを設置。
⑤愛猫用に各部屋に専用の扉を取り付け。

鉄骨造3階建ての中古一戸建てを購入してリフォーム。素材選びからこだわり、好きなものに囲まれる空間を現実にした。

DATA

◇築年数：15年
◇リフォーム内容：全面リフォーム（2F、3F）
◇工事費用：約1,417万円
◇工事期間：約90日間

想像以上の変化が嬉しい！　生活が変わるほど生まれ変わった我が家

二世帯住宅の2階を生活のメインにしたいと考えてリフォーム。間仕切り壁を取り除き、和室だった部分をリビングに取り込んで一体感をもたせ、明るく開放感のあるLDKに。

POINT

①LDKの扉をガラスの引き戸にしたことで、廊下からも光が採り込めるように。明るく開放的な空間に生まれ変わった。
②壁や柱、内窓を撤去して、和室をフローリングにしてリビングと一体化。
③3階への階段はLDK内に配置。手すりはスタイリッシュなアイアン素材に。
④1階からの階段上の空間を活用して、キッチン横（写真奥）に大容量のパントリーを設置。

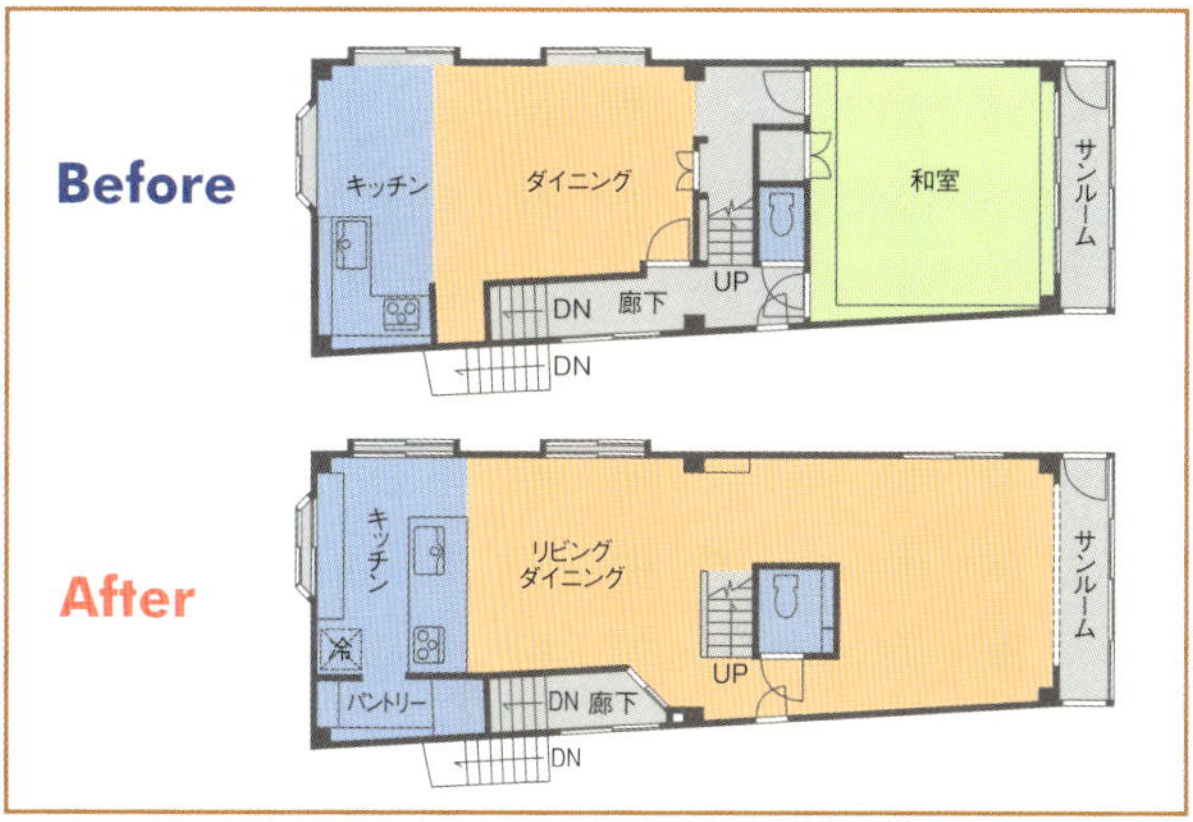

DATA

◇築年数：35年
◇リフォーム内容：全面リフォーム（2F）
◇工事費用：約1,541万円
◇工事期間：約60日間

※リフォーム設計・施工会社：東京ガスリノベーション株式会社（連絡先は222ページ）

中古一戸建ての
リフォーム

キッチン

この値段でコレができる

●システムキッチンの交換▼50万円台～（間口1800ミリ・材料・工事費込み）

●壁付けからアイランド式に▼150万円台～（材料・工事費込み）

●IHコンロに取り替え▼25万円台～（材料・工事費込み）

スタイルに合ったキッチンを選ぼう

設備の老朽化が目立ったり、油などで汚れやすいキッチン。お洒落なシステムキッチンや便利な設備機器が登場しているため、中古住宅を購入した後に必ず手を入れたくなる箇所の一つでしょう。

近年人気のスタイルは、ダイニングに対面して設ける対面式キッチン。これは、家族やゲストと会話しながら調理や後片づけができます。さらに、食を暮らしの中心に据えたい場合は、アイランド式キッチンにするといいでしょう。これらは、家族や友人たちが気軽に調理に参加できる「オープンキッチン」と呼ばれます。

反対に、ダイニングやリビングから見えないようにしたい場合は、「独立型キッチン」が適しています。

独立型に似ていますが、キッチンとダイニングの間にドアをつけない、「セミオープンキッチン」もあります。

システムの仕様によって予算は大きく変わる

キッチンのリフォームは、システムキッチンの仕様によって、費用が大きく変わります。カウンターはステンレスか人造大理石か、扉の仕上げ材は樹脂か、木質か、鏡面仕上げかなど、仕様はさまざま。見た目を優先するのか、掃除のしやすさや耐久性をとるのかを考えておきたいところです。

また、設備機器によっても費用は変わります。人気があるのは浄水器や食器洗浄機ですが、オーブンやシャワー水栓、強制換気扇など、つくる料理や作業効率を考えて、無駄なく設備機器を選びましょう。

Check! 自分の目指すスタイルに合わせてキッチンタイプを選ぶ

●オープンキッチン（対面式）

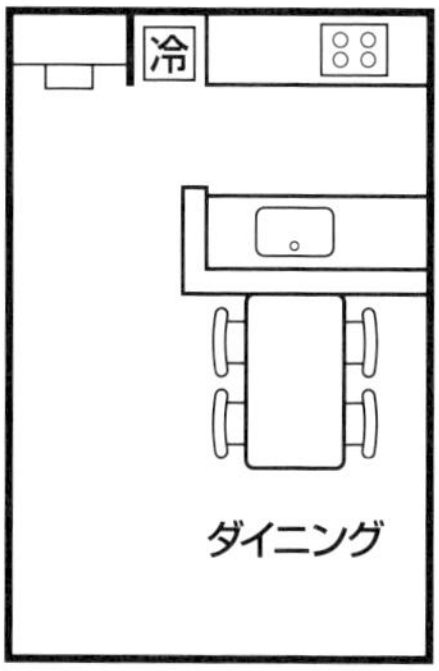

●オープンキッチン（アイランド式）

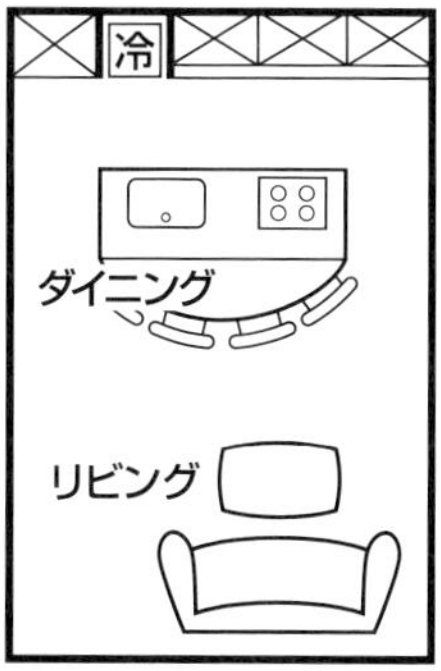

【こんな人向き】
・家族と向かい合って調理したい人
・子どもの様子に目を配りたい人

【注意点】
・収納が少ない ・においや煙が広がる
・アイランド式は広いスペースが必要

●セミオープンキッチン

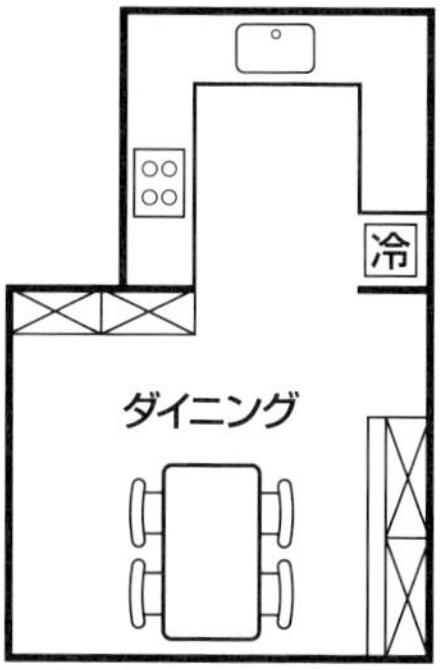

【こんな人向き　】
・家族と会話しながら調理したい人
・キッチン回りの収納や設備にこだわる人
【注意点】
・においや煙が広がる

●独立型キッチン

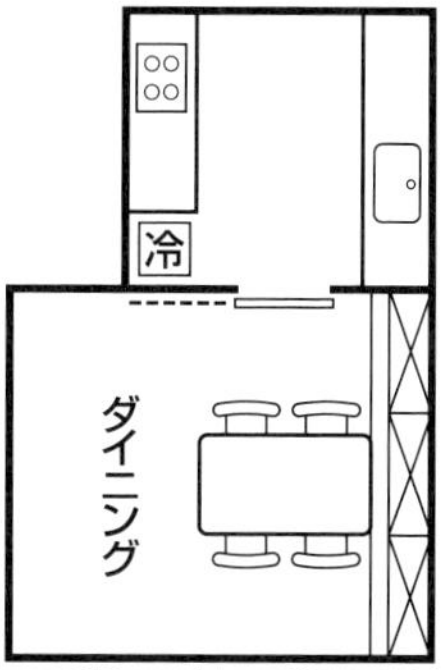

【こんな人向き】
・キッチンを他人に見せずに調理に専念したい人
・収納スペースを確保したい人
【注意点】
・配膳、後片付けがしづらい

キッチン

リビングにいる家族の顔が見えるキッチンは開放的で家事も快適

お母さまとの同居を機にリノベーションを実施。家事をしながら、子どもの顔を見たい、家族みんながくつろげる空間にしたいという希望をかなえた。

POINT

①壁付けで暗かったキッチンの向きを変えて対面式にしたことで、明るく開放的な空間に変身。
②リビングで遊んでいるお子さまの様子を見ながら家事ができるため、安心度もアップ。
③キッチンの両サイドからリビングと行き来できるため、家事動線もスムーズ。お子さまが小さいため、安全対策としてゲートを設置。
④花柄のクロスがアクセントとなり、よりスタイリッシュに。

DATA

◇築年数：34年
◇リフォーム内容：全面リフォーム
◇工事費用：約1,730万円
◇工事期間：約90日間

ご夫婦の身長に合わせたキッチンカウンターで動作がスムーズに

お子さまの進学に伴い、住み替えを検討したものの、最終的に地元を離れずに住み続けることに決め、リフォームを選択。水回りを一新し、暖房設備も整備したことで、今までよりぐんと快適な住まいに生まれ変わった。

POINT

①レイアウトは変えずに設備を新しくしたキッチン。水回りのタイルはこだわりを持って選んだもの。タイルの色に合わせてやかんも新調。
②キッチンカウンターの高さは夫婦の身長に合わせて設計。ジャストサイズのため、動作に無理なく使用できる。
③カップボードは、キッチンとダイニングのどちらからでも食器の出し入れができる両側開き。
④LDKには新しく床暖房を敷置。底冷えもなくなり、快適に過ごせるように。

DATA

◇築年数：18年
◇リフォーム内容：LDK、水回り、洋室
◇工事費用：約1,110万円
◇工事期間：約35日間

※リフォーム設計·施工会社：東京ガスリノベーション株式会社（連絡先は222ページ）

中古一戸建ての

リフォーム

バス・トイレ

この値段でコレができる

●システムバスの交換▼**100**万円台〜（0・75坪タイプ、材料・工事費込み）

●温水洗浄便座付きに交換▼**20**万円台〜（材料・工事費込み）

●トイレをまるごとリフォーム▼**55**万円台〜（材料・工事費込み）

システムバスは工事期間が短いのが特徴

バスルームは建物の日の当たらない北側に配置されることが多く、湿気で床・壁はもとより、構造体まで傷めていることがあるので、不安があるならリフォーム会社に見てもらいます。傷みがある場合は、洗面室・トイレにも影響が出ている可能性が大きいといえます。このとき一緒にリフォームすると、手間や費用に無駄が出ないのもメリットです。

さて、最近のリフォームを見ると、システムバス（高級志向のユニットバス）を取り入れるケースが圧倒的に多いようです。システムバスの中には、サイズを広げる工夫をしている商品もあり、従来より5〜10センチ程度広く使えるようになっています。また出窓を組み込んだものもあります。

新たに現場施工でつくる場合には、システムバスとくらべると、工事期間と費用が余計にかかりますが、自由にプランニングできるのがメリットです。既存がシステムバスの場合だと、撤去作業はスムーズですが、タイル張りの現場施工のバスの場合には、床・壁を解体するのに手間がかかり、費用と時間がかかる場合があります。

費用の目安が立てやすいシステムトイレ

トイレは、機能や材質の選択の幅が広く、設備機器によって大きく費用が異なるのが特徴です。

最近は、内装とセットになったシステムトイレが登場しており、トイレ全体の予算の目安が立てやすくなりました。現場施工を極力なくし、短期間の工事で済むよう工夫されています。

Check! ある便利な浴室乾燥機の多彩な機能とは？

浴室を快適かつ有効に活用するため、従来の換気扇より高性能な浴室乾燥機が人気です。

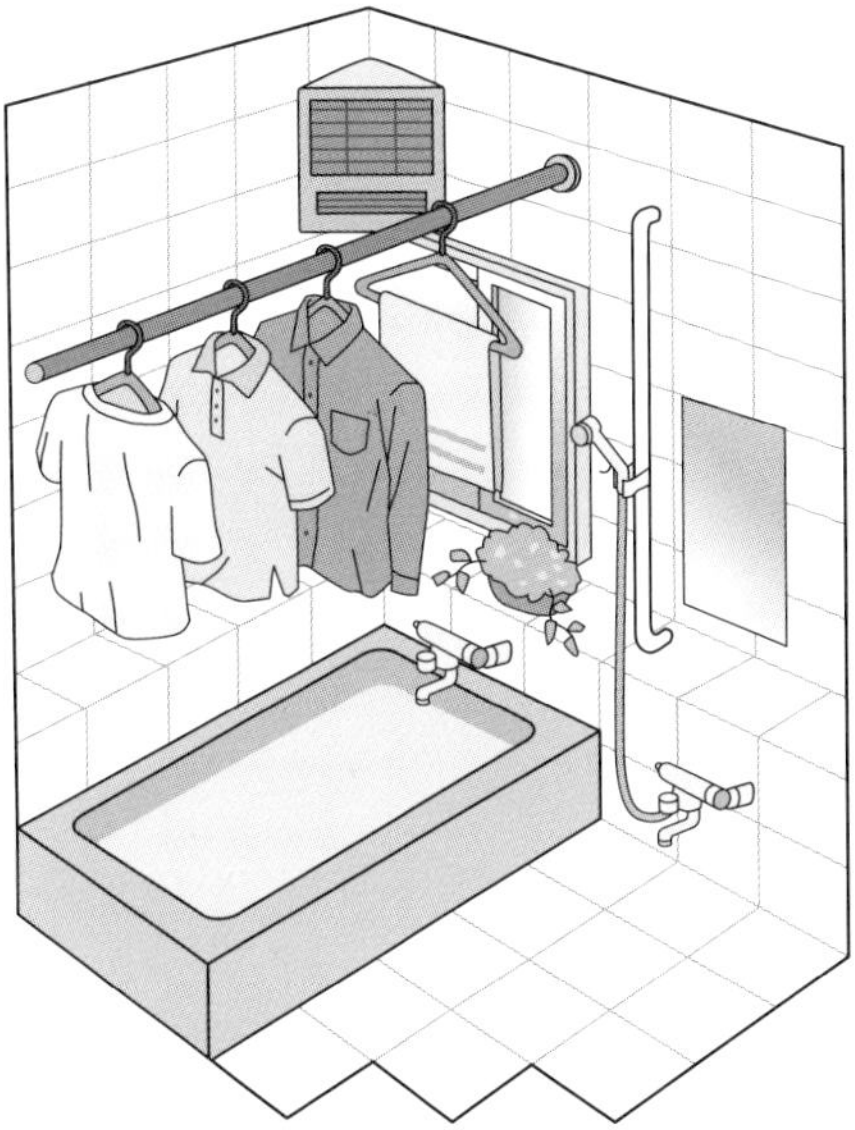

●暖房機能

冬場の浴室を温める機能。浴室とお湯の急激な温度変化が原因になる脳出血や狭心症など「ヒートショック」と呼ばれる事故を防ぐのにも役立つ。この機能により高齢者や高血圧の人も安心して入浴できる。これは健康のための設備といってもいいだろう。

●乾燥機能

浴室の密閉性を利用して乾燥室として利用できる機能。温風で湿気を排出するので、天気や人目を気にすることなく、浴室に洗濯物を干すことができる。また、浴室のカビや結露を防げるので、浴室の掃除も格段にラクになる。

●涼風機能

送風と換気を同時に行なうことで蒸し暑さを緩和する機能。浴室内の湿気を排出し、外気を取り入れ送風することにより、入浴したばかりなのに汗だくといった不快感が解消できる。冷房機能ではないので注意が必要。

●換気機能

湿気やにおいを外に排出する換気機能。最新機能には、除菌イオンを使って空気中のカビ菌を死滅させたり、マイナスイオンを放出する機能を持つものなども出てきている。

プロからのアドバイス

乾燥させるパワーだけについていえば、一般の乾燥機に劣ることは覚えておきましょう。ただし、そのまま吊るしておくことができますので、放っておいてもシワになるような事態は避けられます。

サニタリー

毎日利用するスペースだからこそ、使い勝手とくつろぎを両立

生活の無駄をなくすため、動線を考え、洗面室内に洗濯物を干すスペースを設置。一方で、間接照明を取り入れるなど、利便性だけでなく、快適性も追求した。

POINT

①希望がかなった広い浴室。写真奥に見える横長のミラーは空間の広がりを感じさせるだけでなく、シェルフになっている。
②カウンターやミラー回りのタイルなど、細部にこだわった洗面室。
③タイルの素材感を出すために設置した間接照明がラグジュアリーな雰囲気を演出。
④写真右奥の入り口から洗面台手前までの空間は、物干しをセットすることができ、その場で洗濯物を干せるようになっている。

DATA

◇築年数：25年
◇リフォーム内容：
全面リフォーム
◇工事費用：約2,203万円
◇工事期間：約120日間

低コストでパワフルなガス浴室暖房乾燥機で快適さが向上

寒さが厳しかった在来工法の浴室をリフォームし、ガス浴室暖房乾燥機を設置。冬の快適性が増しただけでなく、花粉の時期に洗濯物を浴室で乾燥できるようになり、春の悩みも解消された。

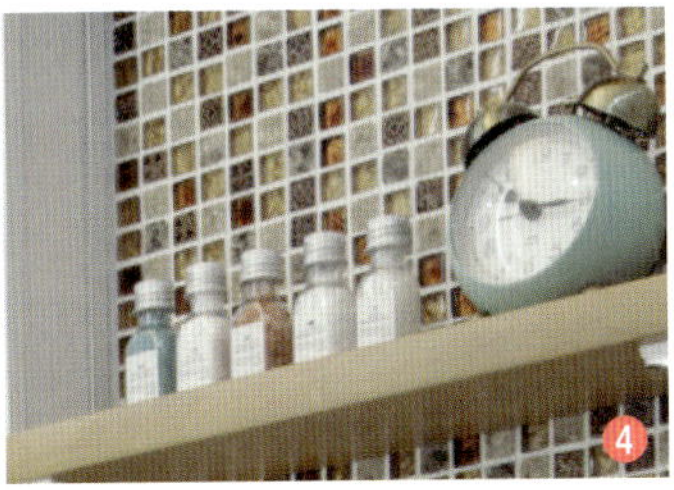

DATA

◇築年数：18年
◇リフォーム内容：LDK、水回り、洋室
◇工事費用：約1,110万円
◇工事期間：約35日間

POINT

①②浴室暖房乾燥機を入れたことで寒さと花粉の悩みが解消された浴室。洗面所との間仕切りにガラスを採用し、ゆとりのある空間に。
③④洗面台の鏡上には間接照明を収めるための木目柄の幕板を造作。バスルームとの間に壁を新設し、可動式の収納棚を設置。収納棚にモザイクタイルを張ったのは施主さま自らのアイデア。
⑤モザイクタイルの柄は迷いに迷った結果、お子さまの意見を採用して決定。

※リフォーム設計・施工会社：東京ガスリノベーション株式会社（連絡先は222ページ）

中古一戸建ての
リフォーム

収納

この値段でコレができる

●押入れをクローゼットに▼20万円台（間口1間、材料・工事費込み）

●玄関収納の取り替え▼7万円台（幅1280×高さ2300ミリ、材料・工事費込み）

わずかな空間でも賢く利用しよう

以前の住人と家族構成や生活スタイルが異なれば、収納の量や収納が必要な場所も、当然異なってきます。家に合わせるのではなく、収納する物を中心に考えるのが基本です。

居室内に物があふれないようにするために、収納に関する記事をまとめたホームページや雑誌を参考にするなどして、自分たちの生活に合った収納スペースの計画をしっかり立てましょう。

まず玄関では、靴の収納のほかに、傘や靴の手入れ用具の収納、玄関の掃除用具入れ、できればコートを入れられる収納もあると便利です。玄関ホールに階段がある場合だと、階段下のスペースを利用することを考えてみてもいいでしょう。

リビングでは、天井まである壁面収納があると、空間の広がりを確保したまま、たっぷり収納できます。逆に、高さのない収納をそろえて設置することで、収納は増やしつつ圧迫感のない空間をつくることもできます。

和室だった部屋を洋室の寝室にする場合には、押入れを利用してクローゼットに替え、パイプを設置すると衣類の収納に便利です。

また、スペースが限られている場合は、わずかなスペースでも有効に利用したいものです。

たとえば、間仕切り壁の厚みを利用して、廊下側に本棚を設けたり、階段の蹴上げ（踏み板と踏み板の間）に、引き出し式の収納を組み込む、なども一法でしょう。

また、小屋裏を利用して納戸を設けるという方法

■キッチンの収納パーツの組み合わせ方

使用頻度の高いものは、取り出しやすくしまいやすいよう、
すぐに手が届く高さに収納する。めったに使わないものは、高い位置に。

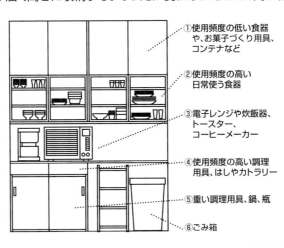

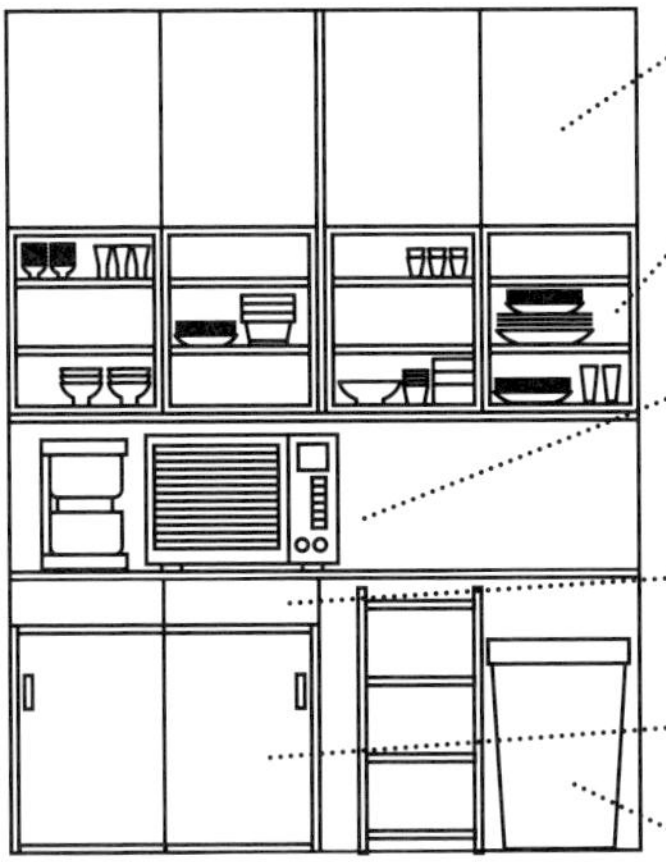

もあります。ただし、年齢を重ねていくと、高いところに上るのは苦になるので、将来的なことも考えておくべきでしょう。

収納パーツで効率的な収納を

同じ収納スペースでも、収納内にどんなパーツを、どのように組み合わせるかで、収納力は異なってきます。

収納パーツはバリエーション豊かで、洋服を吊るすパイプ、棚、引き出し、スライド式網カゴ、小物掛けなどさまざまです。そろえ方によってかかる費用がかなり異なり、引き出しを多用したり、大がかりなパーツを取り入れるとさらに費用がかさむことになります。

リフォーム時に組み込む方法もありますが、棚だけつくってもらい、後で市販のパーツを買って組み合わせるという方法もあります。

また収納の扉を両開き戸や折れ戸にすると、収納されているものがひと目で見渡せて便利ですが、開くドアのぶんだけ、ドア前にスペースが必要になります。場合によっては引き戸にすることを考えてもいいでしょう。

収納

背面にアクセントクロスを張り、オープン収納を楽しむ

POINT

①②寝室の物入部分を取り込んで広くなった土間玄関に、オープン棚を設置。シューズクローゼットとしても、荷物置きとしても使え、収納力抜群のスペースに。
③子ども部屋の収納も出し入れのしやすさを考え、扉はつけずにオープン棚とした。見せる収納を意識して、棚の背面にはアクセントクロスを採用。

DATA

◇築年数：50年
◇内容：全面リフォーム
◇工事費用：約630万円
◇工事期間：約45日間

冷蔵庫も収まるパントリーとキッチン横の家事室で収納確保

POINT

①②キッチンの後ろには、パントリーを設置。食品や飲料の収納だけでなく、冷蔵庫も収まるように設計。家電を隠すことで、すっきりとした空間に。
③キッチンの先にある専用の家事室（④は家事室側からキッチンを見たもの）。広々とした空間に、大型の収納棚や作業用のカウンターを設置。

DATA

◇築年数：30年
◇内容：全面リフォーム
◇工事費用：約1,006万円
◇工事期間：約50日間

デッドスペースを有効活用して収納量豊富な本棚に

POINT

①階段を上がった2階の廊下にあるに腰壁に本棚を造作。
②1階の階段正面の壁にもオープン本棚を設置し、そのぶん居室内が広く使えるようになった。

DATA

◇築年数：35年
◇内容：全面リフォーム
◇工事費用：約1,579万円
◇工事期間：約75日間

高低差を利用した無駄のない床下収納

POINT

①②パブリックエントランスから直接室内に上がれる小上がり和室。その床高低差50cmを活かして、床下収納庫を設置。
③女性でも開閉しやすく、暮らしやすさを妨げない収納を実現。

DATA

◇築年数：33年
◇内容：全面リフォーム
◇工事費用：約1,045万円
◇工事期間：約60日間

※リフォーム設計・施工会社：東京ガスリノベーション株式会社（連絡先は222ページ）

中古一戸建ての

リフォーム

ウッドデッキ・ベランダ・窓

この値段でコレができる

●ウッドデッキの設置▼40万円台～（約3・6×約1・9m、材料・工事費込み）

●バルコニーの設置▼20万円台～（約3・6×約1・5m、材料・工事費込み）

●腰高窓を出窓に▼10万円台～（幅約1・7×高さ1・2m、材料・工事費込み）

デッキや窓の工夫でもっと外部空間を楽しもう

リフォームにより、デッキや窓の工夫をすることで、室内空間に広がりを出すことが可能です。

たとえば、リビングの大きな窓に連続して、室内の床と同じレベルでウッドデッキを設ければ、気軽に外に出られる「室外のリビング」に変身させることができます。

広めのデッキに、日よけのパーゴラやオーニングを設置して、テーブルセットを置けば、友人とゆったりと語らう場にもなります。勝手口の外にウッドデッキを設け、ハーブの鉢植えを並べれば、ちょっとしたキッチンガーデンに生まれ変わります。

器用な人であれば、ホームセンターのウッドデッキ用木材を使って、一人でつくることも可能です。

また、腰高の窓であれば、掃き出し窓に替えて開口部を広げると、より開放的になります。庭が狭くウッドデッキがつくれない場合でも、腰高窓を出窓に替えれば、室内に広がりを出すことができます。

2階にベランダを新設しよう

2階に寝室やリビングがある場合などでも、バルコニーを設けるとガーデンスペースが出現します。ゴルフの素振りや、ガーデニングにも最適でしょう。

カーポートが建物に近ければ、カーポートの屋根を兼ねてベランダを設ける方法もあります。これにより広いベランダと、開放感を得られます。

また、ルーフバルコニーに直射日光を避ける屋根やパーゴラ、近隣からの視線を遮るフェンスを設置して、みなが集える空間を演出することもできます。

Check! ウッドデッキに味付けをする「オーニング」と「パーゴラ」

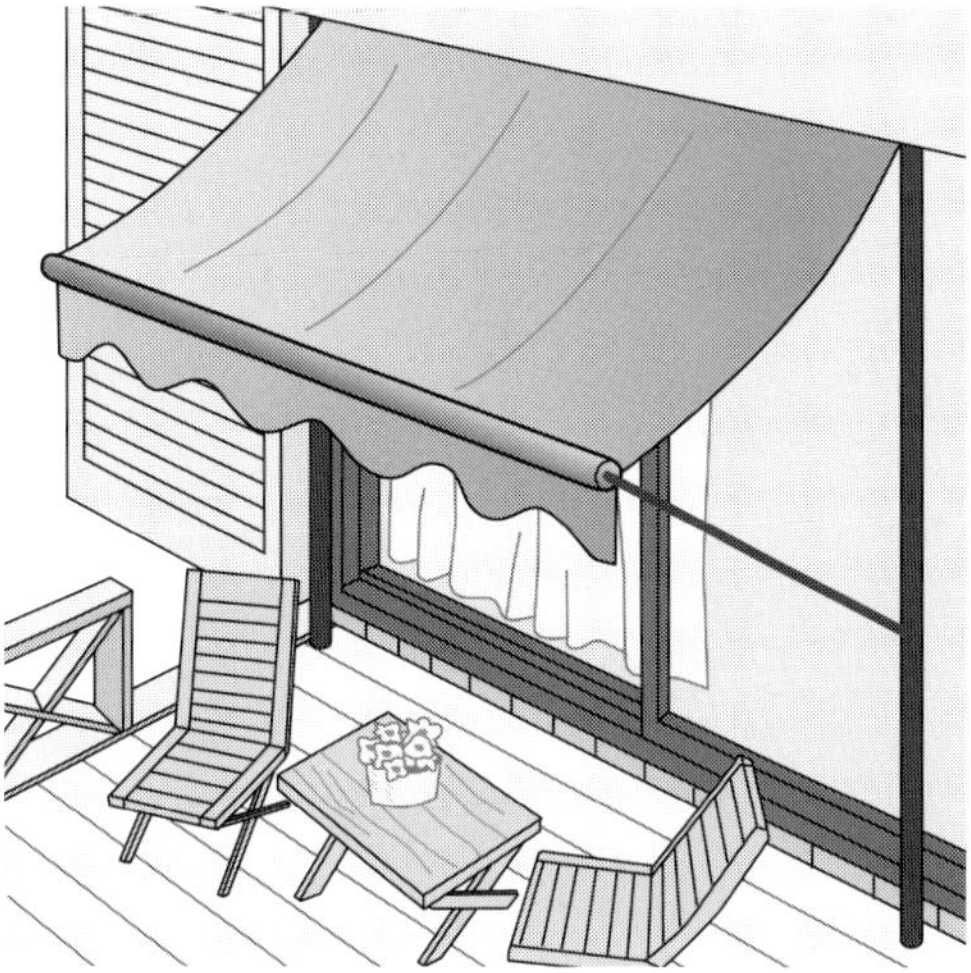

【オーニング】

喫茶店などの軒先に見られるテント状のもののこと。日陰をつくったり、太陽光をやわらかくするほか、お洒落なカフェのような雰囲気を演出できる。

【パーゴラ】

日よけ棚のこと。そこに植物のツタをからませたり、よしずを張って、日陰になったところで、ティータイムやガーデニングを楽しむことができる。

中古一戸建てのリフォーム

外観

この値段でコレができる

- **外壁の塗り替え▼60万円台〜**（延床面積30坪、材料・工事費込み）
- **外壁の張り替え▼150万円台〜**（延床面積30坪、材料・工事費込み）
- **屋根の重ね葺き▼100万円台〜**（ガルバリウム鋼板・延床面積30坪、材料・工事費込み）

外壁リフォームは「塗り替え」か「重ね張り」で

築後10年も経てば、外壁の汚れは気になるものです。リフォームする主な方法は、塗り替えか、既存の外壁の上からサイディング（外壁に張る仕上げ用の板材）やタイルを使っての重ね張りです。

塗り替える場合は、まず下地調整をして、既存の壁の汚れを落とし、ひび割れや防水箇所を補修します。それから既存の外壁材に合った塗料で塗装を行います。

外壁そのものを替えるときは、既存の壁の上からサイディングやタイルを重ねて張ることができますが、下地が傷んでいると、きちんと収まらないことがあるので、事前にきちんと点検しておきましょう。

屋根の場合も同様です。雨漏りや屋根を葺《ふ》く材質の好みの問題などから、屋根を葺く材質を替えたいときは、下地に問題がなければ重ね葺きができます。重ねる場合はなるべく軽い金属系や化粧スレート（石綿などを使った屋根板材。最近では石綿を使っていないものもある）がいいでしょう。このときも、屋根板材がのる下地である野地板が腐っていないか、専門家に確認してもらいます。腐食が進んでいれば、下地材を替えてからそっくり葺き替えます。

■重ね張りができるサイディング

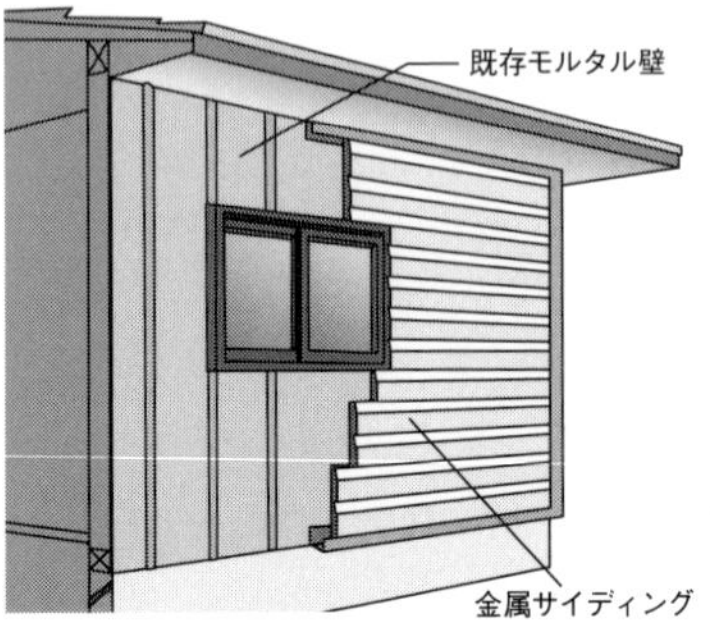

金属系・窯業系・木質系など、素材のバリエーションだけでなく、多種多様なデザインがあり選択肢が幅広い

中古一戸建てのリフォーム

玄関回り

この値段でコレができる

●リフォーム用玄関ドアの交換▼25万円台～（4・5尺・材料・工事費込み）

●玄関ドアの交換＋収納スペースの設置▼30万円台～（4・5尺・材料・工事費込み）

玄関、アプローチ、門扉をコーディネート

外壁・屋根とともに、外観を左右するのが玄関回りです。玄関ドアと同時に玄関アプローチや門扉に気を配ることで、住まいの印象はぐっとグレードアップします。

また、街並みとの調和も忘れずに。家族やゲストを温かく迎える空間であるとともに、街並みの表情に一役買う玄関回りをつくりたいものです。

玄関ドアのリフォームは、リフォーム用玄関ドアの登場により、以前は1週間以上かかった工事も、半日から1日ほどになりました。古い枠の上から新しい枠をかぶせ、新しいドアを取り付けるものです。

断熱性を上げたい場合には、断熱ドアに取り替えることをおすすめします。

また、玄関周辺では、たとえばアプローチの床面と塀を同じタイルやレンガなどでコーディネートすると統一感が生まれ、楽しい空間が出来上がります。

最近では味気ないコンクリートブロックの塀を取り壊すことなく、短期間で左官仕上げをして、味わいのある塀につくりあげる技術も登場しています。

■リフォーム用玄関ドアの設置の流れ

①

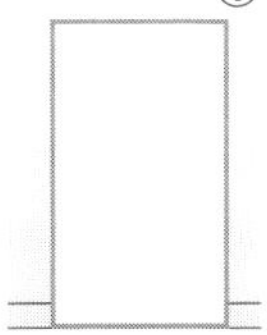

既存のドアを取り外し、外枠だけ残す

②

外枠の上から、新たな枠を取り付ける

③

新たな外枠に新しいドアを取り付けて完成。わずか1日で作業終了

中古一戸建ての

リフォーム

万が一に備える、耐震リフォームの施工方法と予算は?

耐震診断と耐震改修工事の主な流れ

中古一戸建ての物件に安心して住むために、耐震性のチェックは必ずしておきたいものです。

まず耐震診断を行うには、物件がある市区町村の建築行政部局に問い合わせ、建築士事務所などの専門家を紹介してもらいます。内外装のリフォームを依頼する建築士事務所が決まっている場合は、そちらに相談してもよいでしょう。

診断は予備調査、現地調査により、耐震性能の評価を行い、評点が基準以下の場合には対策が必要。このとき診断の結果は書類で受け取り、劣化状況や問題点などを具体的に聞き、予算や工期、求める耐震性能レベルなどの要望を伝えるようにしましょう。

耐震性能が不足すると判定された場合は、結果に基づき、建築士が耐震改修計画を立て、実施設計を行います。工事の内容、費用の見積もりをしっかり確認し、納得したうえで契約することが大切です。

耐震診断・改修は国や自治体の助成制度も

耐震改修の工事費は物件の工法や状態により異なりますが、日本建築防災協会によると木造住宅の場合は100万~150万円未満の工事がもっとも多くなっています。しかし、国や地方公共団体による助成制度が設けられており、活用できる条件を満たせば、耐震診断や耐震改修の費用の一部が助成されることも。助成制度の内容は、管轄の地方公共団体により異なるので、まずは問い合わせてみましょう。

また、リフォームと同時に耐震改修を行うと、コストを削減できる傾向があります。

Check! 耐震補強工事の3タイプのメリット・デメリットを知っておこう！

■耐震補強工事の施工方法

工事のタイプ	メリット	デメリット
 **内から** 室内から内装の仕上げ材をはがして補強	◎骨組みの状態を確認しながら補強できる ◎押し入れ内から補強できる場合、仕上げ材が安価で済むため、工事単価が抑えられる	◎家具や押し入れの荷物を、別の場所に移動しなければならない ◎仮住まいが必要になるケースもある
 **外から** 外から外壁の仕上げ材をはがして補強	◎生活しながら工事できるので、住み手に余計な負担がかからない	◎外壁に面した柱や梁などのチェックだけで補強することに ◎補強後の仕上げ工事費がかさむ
 **外付け** 建物の上から特別な補強具を設置して補強	◎室内でそのまま生活できる ◎外壁をはがすことなく工事ができる	◎内部の構造を目視できないため、設置位置の選定が難しい ◎美観を損ねることもある

プロからのアドバイス

耐震補強でいちばん大切なのはバランスです。工法の選択はその次。弱い部分を強化し、1カ所に力が集中しないように施工します。

中古一戸建てのリフォーム

適切にメンテナンスされているか、リフォーム歴をチェックしよう

目につかない箇所ほど重要

通常、新築住宅は築後5年ごとに細かな補修が必要になります。床下のシロアリを防ぐための防蟻処理や、外部の木材と鉄部の塗り替えなどのメンテナンスを行うのが一般的です。防蟻処理は薬剤の持続効果が5年程度のため、そして外部の木材と鉄部の塗り替えは腐食が早いためです。前の住人が、これらのメンテナンスを先延ばしにしていたら、腐食が早く進行し、リフォーム費用が高額になりかねません。床下や屋根など、自分で調べるのが難しい場所は、5年ごとに業者に依頼し、適切な処理を行ってもらうことが大切です。

費用は物件の状態によりますが、シロアリ駆除の相場は1坪当たり1万円程度ですが、そのほかにオプション工事がつく場合もあります。

外回りのリフォーム歴にも注意

リフォームしているのなら、「いつ」「どの部分」を行ったのかを確認しておくと安心です。左ページの「リフォーム時期の目安」を参考に、適切なリフォームがなされてきたかどうか、売主や営業担当者に確認しましょう。とくに、屋根や外壁はまめに手入れをしないと、風雨にさらされて家全体が傷みやすくなるので要チェックです。

購入してすぐに建て替える予定があるなら別ですが、しばらくは買った状態で住むことになります。チェックを怠ったばかりに、思わぬリフォーム代が……。購入費のほかにそんな負担が発生すれば、ローンの返済計画にも大きな影響を与えます。

Check! リフォーム歴で、適切な手入れが行われてきたか確認しよう！

リフォーム時期の目安（外装部分）

場　所	取り替えの時期
外　壁	点検は2～4年ごと。15～20年で全面補修を検討
屋根（瓦葺）	20～30年で全面葺き替えを検討
屋根（スレート）	15～30年で全面葺き替えを検討
屋根（金属板）	3～5年で塗り替え。10～15年で全面葺き替えを検討
雨どい	7～8年で全面取り替えを検討
軒　裏	15～20年で全面補修を検討
バルコニーなど（木部）	2～3年ごとに塗り替え。15～20年で全面取り替えを検討
バルコニーなど（鉄部）	3～5年ごとに塗り替え。10～15年で全面取り替えを検討
バルコニーなど（アルミ部）	20～30年で全面取り替えを検討

※参考資料：住宅金融支援機構ホームページ「マイホーム維持管理ガイドライン」

リフォーム時期の目安（軀体・内装部分）

場　所	取り替えの時期
土台・床組	5～10年で防腐・防蟻再処理。土台以外は20～30年で全面取り替え検討
玄関・窓	15～30年で取り替えを検討
内部建具	10～20年で取り替えを検討
給水管	15～20年で全面取り替えを検討
水栓器具	3～5年でパッキン交換。10～15年で取り替えを検討
キッチン・洗面設備・トイレ	15～20年で全面取り替えを検討
浴　室	10～15年で全面取り替えを検討
ガス管	15～20年で全面取り替えを検討
給湯器	10年で取り替えを検討

※参考資料：住宅金融支援機構ホームページ「マイホーム維持管理ガイドライン」ほか

中古一戸建てのリフォーム

建築基準法の制限について知っておこう

土地や周辺環境の制約を確認

増改築やリフォームで、思いどおりの我が家に変身させる……。今すぐにではないにせよ、そんな夢を抱いて中古一戸建ての購入を考える人は多いのですが、自由にいかない物件もあることを認識しておきましょう。

まずチェックしなくてはならないのが、その物件に対する法規制です。よくあるのが用途地域の変更により、建ぺい率・容積率が小さくなってしまったケース（84ページ参照）。建て替える場合は、現状より小さな面積の家しか建てられません。

また、以前は防火に関する規制がなかったのが、都市化によって準防火地域などに指定された場合、防火サッシや網入りガラスの使用、外壁の防火性能も要求されます。

工法によっても制約がある

工法によっても、増改築・リフォームの自由度に違いがあります。木造在来工法の場合は、構造に問題がなければ、さほど制限はないでしょう。

建物の構造・工法（112ページ）でも述べましたが、2×4工法は、面で支える構造のため、簡単に壁を抜いてワンフロアにしたり、水回りの位置を変えることはできません。一定規模以上の家をリフォームする場合は、2×4工法のしくみを熟知し、構造計算ができる業者に依頼しましょう。

なお、3階建ての場合は、どんな工法でも、増改築は困難。壁のほとんどが耐力壁として機能しているので、間取りの変更が制限されます。

Check! 増改築やリフォームが可能な物件のチェック法

増改築・リフォームできるか？

リフォームを前提に購入するなら、引渡し前でもリフォーム会社が物件に同行してくれるかどうかを確認しましょう。

●法規制をチェック！

- 再建築不可、容積率・建ぺい率オーバーなど
- クリア → **3階建てか？**
  - YES → **まず難しい**（構造を変えないリフォームは可）
  - NO → **工法は？**
    - 2×4工法など → **増改築の内容、施工会社に制限あり**
    - 木造在来工法 → **基礎・構造に傷みはない？**
      - ある → **建て替えか、物件の購入を再検討**
      - ない → **増改築・リフォームOK！**

購入と同時リフォームの賢い資金の借り方と考え方

2つのローン、どっちがお得？

中古一戸建ての購入と同時にリフォームを行う場合、資金の調達方法として「自己資金でまかなう」「リフォームローンを利用する」「住宅ローンと一本化する」の3つの選択肢があります。詳しくは174ページでお話ししますが、リフォームローンは概ね住宅ローンより1～3％程度金利が高いのが一般的です。

そのため、「住宅ローン＋リフォームローン」の2本に分けて借りるより、「住宅ローンと一本化」したほうが、当初の毎月返済額は少なくて済み、より多くの融資を受けることができます（ただし、事前にリフォーム費用を確定させる必要あり）。

いずれにしても、大がかりなリフォームや、近い将来、必要となるリフォームについては、できるだけ購入と同時に済ませてしまいたいものです。とくに現在は超低金利時代。将来、リフォームのために仮住まいの費用が発生するくらいなら、融資を受けて、引越し前にリフォームを行っても、コスト的には大きな差にはならないはずです。

融資が返済リスクを下げることも

一方で、利息を少しでも少なく済ませたいという思いから、自己資金を使い切らないようにしてください。リフォーム等で資金がゼロになった直後、親の介護が必要になったり、勤務先の状況が変わり収入が減るなど、急な資金不足になった人もいます。

あえて融資を受けて、手元に自己資金を残しておくのも、返済リスクを下げる一つの考え方です。

Check! 購入と同時にリフォームする場合と、数年後にリフォームする場合を比較!

■総額300万円でリフォームする場合を見てみよう

◎リフォーム内容

- キッチンの入れ替え
（対面式キッチンの設置など）……………150万円
- 浴室、洗面室などの水回り、一部の内装リフォーム
（壁、天井クロス張り替え）……………150万円

水回りは配管が傷んでいることもあるので、まとめてリフォームするのが効率的

総額 300万円

〈購入と同時に実施〉

リフォームローンを利用して、今の住居に住みながら、引越し前にリフォームを実施。

リフォームローンの返済利息

固定金利:2.5%
借入金:300万円
返済期間:10年（ボーナス払いなし）
返済利息:39万3,661円

＋

現在の賃料（2カ月分）:20万円

＝

約60万円

〈購入から5年後に実施〉

リフォーム費用を自己資金で払ったとしても、工事のために引越し代2回ぶんが発生

リフォームローンの返済利息:0円

＋

賃貸マンションの仮住まい費用

敷金＋礼金＋仲介手数料:30万円
賃料（2カ月ぶん）:20万円
引越し代（2回ぶん）:20万円
小計:70万円

＝

約70万円

さらに、購入直後にリフォームローンと一体型の住宅ローン（174ページ参照）を利用すると、金利が大幅に低くなり、返済利息が上記の半分以下で済むことも!

リフォーム減税の適用しだいでは、ローンのほうがお得なケースも

リフォーム費用の一部は減税でまかなえる

リフォームには各種減税制度が用意されています。リフォーム内容等によって、時限措置ではありますが、所得税、固定資産税などの軽減措置（控除）を受けられます。

仮にリフォームで３００万円かかっても、30万円の減税なら、実質２７０万円でリフォームを行えるということです。

減税の対象となるリフォームは、主に「耐震」「省エネ」「バリアフリー」「同居対応」「長期優良住宅化」の5種類です。たとえば、バリアフリーリフォームの所得税に対する減税額は、現金で支払った人とローンを組んだ人で異なり、前者は最大20万円（控除期間1年）、後者は最大62万５０００円（年間控除額上限12万５０００円×控除期間5年）となっています。

住宅ローンへの一本化で減税メリットも

また、バリアフリーリフォームを行って住宅ローンを一本化しない場合でも、リフォーム減税ではなく、通常の住宅ローン減税が適用できます。その要件は、工事費用が補助金等を除いて１００万円以上、返済期間が10年以上の場合。住宅ローン減税のほうが減税額が最高40万円となって有利です。

このほかのリフォーム内容についても、住宅ローンと一本化して融資を受けている場合は、住宅ローン減税を受けられます。前項でもお話ししましたが、条件しだいで融資を受けたほうが得するケースも少なくないのです。

Check! 中古一戸建てのリフォーム前に知っておきたい減税制度

■バリアフリーリフォームのための所得税減税枠

減税の種類	ローンを組まない場合（自己資金）	ローンを借りた場合（5年以上のリフォームローンを借り入れた人が対象）
リフォーム後の居住開始日	～2021年12月居住ぶん	
税額控除額	◎最大20万円 ※工事金額の10％をリフォーム完了年の所得税から減税。工事金額は最大200万円までが対象 ◎当該家屋にかかる固定資産税額の3分の1を軽減	◎12.5万円／年（5年間で62.5万円） ◎当該家屋にかかる固定資産税額の3分の1を軽減（1戸当たり家屋面積100㎡相当ぶんまで）
控除期間	1年間	5年間
対象となる工事	バリアフリー改修工事が次のいずれかに該当すること ①浴室改良　②トイレ改良　③手すりの取り付け　④段差の解消　⑤出入口の戸の改良　⑥通路等の拡幅　⑦階段の勾配の緩和　⑧滑りにくい床材料への取り替え さらに、工事費が50万円超であること。築10年以上の住宅であること。工事完了後、居住した年の12月31日現在、50歳以上、あるいは65歳以上の者が居住する住宅であること、など	

■贈与税についても減税制度あり！

2021年12月31日までの間に、親や祖父母などからリフォームのために資金を受けた場合に、一定額までの贈与について非課税となる制度

契約年	2020年4月～2021年3月	非課税限定額	（質の高い住宅）1,500万円 （一般の住宅）1,000万円
要件	◎2021年12月までの間に、リフォーム資金の贈与を受けてリフォームを行ったもの ◎贈与を受けた年の合計所得金額が2,000万円以下であること ◎適用の対象となるリフォームが増改築等工事証明書などにより証明できること、など		
対象となる工事	◎上のバリアフリーリフォームの表にある①～⑧のいずれかの工事であること ◎工事費用が100万円以上であること。リフォーム費用のうち居住用部分にかかる費用が2分の1以上であること、など さらに、リフォームを行う人が所有し、居住する家屋であること。リフォーム後の家屋の床面積（登記簿表示）が50㎡以上240㎡以下であること、など		

※「質の高い住宅」とは、省エネルギー性が高い、耐震性が高い、バリアフリー性が高い、これらのいずれかを満たす住宅。

中古一戸建て

建て替え

将来に備えて、建て替えの費用や依頼のポイントを知っておこう

建て替え坪単価は50万〜80万円台が目安

既存の家の築年数が古く構造体に傷みがある場合や、間取りが家族構成や生活スタイルにまったく合わない場合は、建て替えという選択をすることになります。もちろん、建て替えはリフォームより費用が高額になるため、慎重に予算の検討をしましょう。

建て替え費用の目安は、一般的な住宅で坪単価50万円から80万円台。たとえば30坪（約100平方メートル）で坪単価60万円であれば、1800万円ということになります。

このほかに、外構工事（庭や門扉など）、場合によっては、照明器具、カーテン、空調設備の費用も必要になってきます。そして、忘れてはならないのが既存建物の解体工事です。坪単価は地域や延床面積によって差がありますが、3万5000〜4万5000円くらい。30坪程度の家なら約100万円を目安とすればいいでしょう。

依頼先は「工務店」「住宅メーカー」「建築家」

家を建てようと決めたとき、家づくりをどこに依頼するかを決めなければなりません。選択肢は、工務店、住宅メーカー、建築家の3つに分けられます。

工務店は、地域に密着した中小規模の会社です。地域に根ざしているだけに、きめ細かい対応や、完成後のアフターフォローや相談にもていねいに応じてくれます。さらに、工務店の中には、良質の木材が安く入るルートを持っているとか、国産材を使うなど、独自の特徴を持っているところもあります。

住宅メーカーは、商品開発から生産、販売、工事、

■工務店、住宅メーカー、建築家のメリット・デメリット

	メリット	デメリット
工務店 （価格は比較的安い）	・地域に根ざした細かな対応が特徴 ・アフターサービスやメンテナンスがていねい	・デザイン性はそれほど期待できない。こだわる場合は自分で具体的な提案を ・近所付き合いなどの関係から、あいまいな契約を交わして、のちにトラブルになることも
住宅メーカー （坪単価60万～70万円が主流）	・システムのマニュアル化と分業で合理的に進められる ・部材やデザインを統一しているため、価格が安い	・選択肢以外の仕様や設備を希望すると割高になることも ・営業、設計、完成後で担当者が替わる。正しい引き継ぎが行なわれるよう折衝上の約束は文書化しておく ・莫大な広告営業費が上乗せされている
建築家 （建築家によって、価格はピンキリ）	・気に入った作風の建築家を選ぶことで、家族の暮らしや街並みに合わせた個性豊かな家をつくれる	・建築家の選択を誤ると不満の残る住まいになる恐れも

アフターサービスまで一貫したシステムで行われています。全国にある住宅展示場に行けば、どんな住宅が建てられるのかを見ることができ、出来上がりのイメージをつかみやすいのが特徴です。

使われる建材や、仕上げの仕様をある程度決めて価格設定されており、間取りや仕様などに多少の選択の幅があります。予算に合わせて選択できるのがメリットですが、特別な要望を出すと割高になるケースもあります。

建築家の特徴は、前出の2つは個人対会社であるのに対して、個人と個人の付き合いで家づくりが進んでいくことです。

ですから、何よりも相性が大切。建築家の作風を気に入って、会ってみて共有できる感覚があると感じなければ、いい住まいはできません。自分の生活にぴったり合った、こだわりの住まいをつくりたいなら、建築家に依頼するのがいいでしょう。

建築家に支払う設計料は、一般的に総工事費の10～15％が多いようです。

建て替えの検討段階から依頼先探し、設計の打ち合わせ、工事の着工～完成までの手順を次ページにまとめていますので、参考にしてください。

Check! 建て替えの手順を確認しておこう

インターネットや雑誌などで依頼先の情報を集める
住宅展示場や施工例などを見る

▼

絞った依頼先とコンタクトをとり相談

▼

ラフプランと見積もりを検討
工務店や住宅メーカーに依頼した場合は
数社から見積もりをとることも

▼

依頼先を決定

▼

引き続き設計の打ち合わせ

▼

プラン・見積もり・仕様を決定

▼

工事請負契約

▼

解体工事

▼

着　　工

▼

完　　成

▼

アフターサービス

第5章

住宅ローンの借入れと返済計画のアドバイス

中古一戸建ての

住宅ローン

キホン① 住宅ローンの選び方・借り方で総返済額は何百万円も変わる！

住宅ローンは商品と考える

住宅ローンの資金使途は「自ら居住する土地や建物の購入、新築・増改築」に限られています。郊外の別荘などセカンドハウスの購入には利用できません。使途が自宅用に限られ、担保にできるため、金融機関のリスクは小さいことから、ほかのローンよりも金利が低くなっています。

とはいえ、住宅ローンは金融機関にとって利益（利息）を得るための「商品」であり、その種類は金融機関の数の何倍にも及びます。住宅ローンは借入額が大きいため、選んだ商品や借り方の違いで、総返済額（総利息）に何十万、何百万円もの差が出ます。「住宅ローンなんてどれも似たようなもの」と思っている人は認識を改めましょう。

住宅ローン選びは基本を押さえて慎重に！

前記「借り方」については、「借入額」「金利」「返済期間」のバランスが大切です。詳しくは168ページでお話ししますが、同じ金利なら返済期間が長いほど多く借りられます。そのぶん利息の支払い総額も多くなり、総返済額は増えます。

また、金融機関によって完済年齢（最終支払時の年齢）が決まっていて、40歳以上の人の場合、返済期間が制限されるケースも。その結果、借入可能額も減り、希望額に届かないこともあります。

そんな際、金利は高くても審査がゆるめで、希望額に届く商品が見つかることもあります。このようにベストな住宅ローンは人によって異なります。選び方の基本を押さえておくことが大事です。

Check! 住宅ローン選びの３つの心得

■住宅ローンを「商品」として選ぶ３つのポイント

1 借りるより「買う」意識で選ぶ！

家探しをしているときは物件価格に目がいくが、実際の支払いは「利息+諸費用」が含まれる。

2 商品を「選ぶ目」を身につける！

金利や完済年齢、最大返済負担率など、融資条件を商品ごとに表にして比較すると違いが見えてくる。

3 わずかな「違い」で大きな差に！

住宅ローンは借りる金額が大きい。安易に選んでは総返済額に大きな違いが出る。

■住宅ローンの「借り方」の３つのバランス

金　利

低：毎月返済額➡少
　　総返済額　➡少
高：毎月返済額➡多
　　総返済額　➡多

借入額

少：毎月返済額➡少
　　総返済額　➡少
多：毎月返済額➡多
　　総返済額　➡多

返済期間

長：毎月返済額➡小
　　総返済額　➡増
短：毎月返済額➡大
　　総返済額　➡減

プロからのアドバイス

返済期間を短くすると、総返済額は減りますが、毎月返済額が増えます。確実に最後まで返済できることが第一ですから、無理をしすぎないこと。総返済額は繰り上げ返済（180ページ参照）を行えば、後から抑えることができます。

キホン②
申し込みから融資実行までの流れ

中古専用の住宅ローンがあるわけではない

中古専用の住宅ローンも一部ありますが、多くの金融機関では、新築と中古で商品を分けていません。中古は新築に比べて、同地域なら担保価値が落ちますが、１００％ローン（＝物件価格までの融資）を認めているところもあります。

　中古が住宅ローンを借りにくかったのはひと昔前のことで、前項でもお話ししたとおり、現在は選択肢が広がっています。超低金利時代であることもあって、新築と同じく低金利で借りられます。

審査は2段階にわたって行われる

とはいえ、誰でも無条件で融資を受けられるわけではありません。住宅ローンの融資にあたっては、金融機関の審査があります。通常「事前審査」と「本審査」の2回行われます。

　事前審査は正式に住宅ローンを申し込んだ場合、融資が下りそうかどうかを、簡易的に判断してもらうものです。通常、気に入った物件が見つかって、売主に購入を申し込んだ段階で行います。

　通常、結果は1週間程度で通知され、正式な審査を受けても通る可能性が高いことがわかると、売主と売買契約を結び、改めて金融機関に本審査を申し込みます。

　本審査では事前審査と違って、売買契約を結んだ後に物件の担保価値や団体信用生命保険に加入できる健康状態かなど、より厳しいチェックを受けます。そのため結果が出るまで2～4週間かかります。

　事前審査でＯＫが出ていても、本審査で改めて発見された事実により審査に落ちたり、借入希望額より低い金額を提示されることもあります。その場合、ローン特約（200ページ参照）をつけていればペナルティなしで売買契約を解除できます。

無事、審査に通った場合は、金融機関と「金銭消費貸借契約」を結び、融資が実行されます。

一度に複数の金融機関に申し込む

審査の申し込みを不動産仲介会社に全面的に任せた場合、その不動産仲介会社と普段付き合いのある金融機関で審査を受けることがあります。その場合、不動産仲介会社と金融機関の力関係によっては、多少審査に通りやすくなるケースもあるようです。

一般的には自分が希望する金融機関がある場合には、不動産仲介会社に依頼して、審査の申込書の記入に必要な物件情報や書類をもらい、自分で直接審査を申し込みます。

審査に通ったからといって、断るのは自由です。そのため、普段から金利等をチェックしておき、一度に複数の金融機関に審査を申し込むことをおすすめします。本審査に通った先から、条件の有利なところを選びましょう。

■住宅ローンの手続きの流れ
購入申し込み
物件購入の優先順位の確保
事前審査
物件と本人の勤務先や年収等で簡易に審査
売買契約
不動産業者の仲介で売買契約を結ぶ
ローン申し込み
必要な書類は金融機関により異なる
ローン審査（本審査）
勤務先、勤続年数、年収などを審査
ローン契約
（金銭消費貸借契約）融資実行や決済条件が確定
融資の実行！

中古一戸建ての

住宅ローン

キホン③ 審査に通るための5つのポイント！

希望額で審査に通るために大切なこと

住宅ローンを借りるには、多くの場合、保証会社の審査があり、その審査の結果、実際に借りられる金額（借入可能額）が決まります。では、希望額どおりの融資額で審査に通るには何がポイントになるのか、順に見ていきましょう。

ポイント① 担保評価

担保評価とは、希望の物件を購入後、もし住宅ローンの返済に困り、その物件を現金化しなければならなくなったときに、どれだけの価値になるかを金融機関が独自に査定することです。

担保評価額の計算方法は金融機関で異なりますが、一般的には、土地は「路線価×土地の広さ」、建物は築年数に応じて価値が目減りするため、「新築時の価格―新築時の価格÷耐用年数（木造は20年）×経過年数」で算出し、両者を合計します。ですから、新築並みにリフォームされていても、評価が高くなるとは限らないことに注意しましょう。

ポイント② 返済負担率（返済比率）

返済負担率とは、給与所得者の場合、税込年収に占める年間返済額の割合のことです。返済負担率で借りられる金額などについては次項でお話しします。

ポイント③ 仕事の安定性

住宅ローンの返済は長期にわたるため、収入の安定性が求められます。そのため、勤務先は中小企業より大企業、公務員などのほうが有利というのが現実です。また収入が安定している正社員のほうが借りやすい傾向はありますが、転職が多くても3年以上継続勤務している人や、最近は契約社員でも借りられるケースがあります。

ポイント④ ほかの借入れ

金融機関は住宅ローンの申し込みを受けると、その顧客のクレジットカードの利用情報など個人の信用情報をもとに、融資が適正かどうかを判断します。たとえば、マイカーローンなど、ほかからの借入額が大きい場合は、本来の借入額から減額される原因になります。

また、ブラックリストへの登録はいうまでもなく、小さな額の延滞でも、過去６カ月以内にしていると借りられない場合があります。下図のようなクレジット契約や利用法、料金の支払い忘れにも注意してください。

ポイント⑤ 年齢・健康

最後は年齢と健康です。多くの金融機関で住宅ローンの申込可能年齢と完済年齢が定められています。そのため、申し込み時点の年齢によって返済期間から借入可能額も影響を受けます。

また、長く確実に返済していくには健康であることです。以前と違って、糖尿病など持病があっても保険への加入が認められるようになっていますが、重い病気の場合、審査に通らないこともあります。

■こんな「つい、うっかり」が審査を不利にする！

□	クレジットカードの返済を忘れて支払いに遅れたことがある	クレジットカードの支払い日に引き落とされず、支払いが1日でも遅れると遅滞扱いとなり、個人信用情報に記録される
□	複数のクレジット会社のカードを何枚も所有している	普段使っていないクレジットカードでも、キャッシング枠は借入金として計算されることがあり、カードの枚数は少なくしておくほうがよい
□	電気・ガス・水道などの公共料金を滞納したことがある	公共料金を一元管理できて便利だからとクレジットカード払いにしていると、滞納したときに、その実績が記録される
□	携帯電話やスマートフォンの端末代を滞納したことがある	端末代金がクレジット契約になっていて月々の支払いに上乗せされている場合、料金の滞納実績が記録される
□	税金・国民健康保険料の未納ぶんをそのままにしている	税金の未納は、審査申し込み時に必要になる納税証明書などから発覚する。必ず審査前に支払っておくことが大事

※「個人信用情報」は、信用情報登録機関が情報収集・管理などを行い、保証会社等へ提供するための情報を指す

中古一戸建ての
住宅ローン

キホン④ 自己資金の額は審査に影響する？ いくらまで借りられる？

住宅ローンで借りられる額には上限がある

審査で返済能力があると判断されれば、頭金なしでも住宅ローンを組むことは可能です。ただし、自己資金として手付金と合わせて物件価格の10％程度は確保しておかないと、手続き費用や税金などの諸費用を払えず、借入れできないことになります。

また、自己資金を多少でも用意できていれば、貯蓄できることの証明にもなります。購入後にも返済に回せるだけの資金のゆとりがあると判断されるので、審査でプラスに働きます。

さらに審査の結果によっては、希望融資額に届かないこともあります。たとえば、4000万円の物件を購入しようと住宅ローンを申し込んだところ、3500万円しか下りなかった場合、500万円の

自己資金を準備しなければいけません。

実際に、自己資金としていくら必要になるかは、同じような条件でも、人や審査基準によって差が出ます。その理由は、前項でお話しした「返済負担率」「借入可能額」に関わってくるからです。

いくら借りられるかは「返済負担率」しだい

返済負担率とは、一言でいうと、その人の年収でいくら返済できるか、その割合を示すものです。この返済負担率の基準をオープンにしている金融機関もあり、たとえば住宅金融支援機構では、年収400万円未満は30％以下、400万円以上は35％以下と設定しています。

民間の金融機関では、年収400万円以上は20～35％以内、200万円以上400万円未満は25％以

■自分の年収で住宅ローンの借入可能額を計算してみよう！

〈計算式〉

①（税込年収＿＿＿＿万円 × 返済負担率※1＿＿％）÷12
＝毎月返済可能額＿＿＿＿円

②毎月返済可能額＿＿＿＿円 ÷ 100万円当たりの毎月返済額＿＿＿＿円
× 100万円＝借入可能額※2

※1 A銀行の場合の返済負担率：税込年収400万円以上は35％以内、200万円以上400万円未満は25％以内、200万円未満は20％以内。※2 借入可能額は10万円未満は切り捨て

◎100万円当たりの毎月返済額（円）

金利	返済期間				
	15年	20年	25年	30年	35年
1.0%	5,984	4,598	3,768	3,216	2,822
1.5%	6,207	4,825	3,999	3,451	3,061
2.0%	6,435	5,058	4,238	3,696	3,312
2.5%	6,667	5,299	4,486	3,951	3,574
3.0%	6,905	5,545	4,742	4,216	3,848

※全期間固定金利、元利均等返済の場合

内、200万円未満は20％以内といったところが多いようですが、各金融機関によって異なります。

この返済負担率から年間返済額および毎月返済可能額を算出し、そこからほかのローンの返済額などを差し引いた金額が返済に充てられる金額と判断されます。ですから収入が安定していて、この返済負担率の中に収まっている融資額であれば、審査に通ることが多いようです。

以上のように、借入可能額は金融機関ごとの基準で決められているため、同じ年収でも申し込む金融機関によって金額が変わってくるのです。

「借入可能額」を計算してみよう

借入可能額は、上図の計算式で目安を知ることができます（ほかに借入れがない場合。Ａ銀行の返済負担率は参考値です）。また、住宅金融支援機構のＨＰ（https://www.flat35.com）には、年収と各条件を入力すると、簡単に借入可能額を求められるシミュレーションがあるので参考になるでしょう。

審査での判断は金融機関によってさまざまですが、自分の返済負担率がどれくらいか知っておけば、借入可能額の見当がつき、審査に通りやすくなります。

キホン⑤ 自己資金と返済のゆとりを確かめ、返済可能な金額を見積もる

預貯金すべてを購入に充てるのは危険

家を購入する際、日常生活に支障をきたさない範囲で、自己資金としていくら用意できるかがポイントになります。はじめに、預貯金、投資信託、有価証券などの残高・時価を合計します。

このうち病気などの非常事態に備えて、月収3カ月ぶんくらいは手元に残しておきたいものです。また、子どもの進学準備費用など、近い将来、確実に必要になる費用も見積もっておかなければなりません。

仲介手数料をはじめとする諸費用や引越し費用、新居用の家具・家電・カーテンなどの購入費、またリフォームを行う場合はその費用も差し引きます。

こうして残った金額が、安心して頭金などに使える金額です。

「借りられる額」よりも「返せる額」を重視

このように、まとまったお金が必要になる時期や、住宅ローンを完済する年齢などを加味しないと、無理のない返済プランは立てられません。

文部科学省の調べによると、子どもが中学へ進学して以降、多くの場合、家計の貯蓄は減少していき、大学進学時には赤字になるようです。毎月きちんとローン返済しながらも、将来設計に合わせて貯蓄をしていくことが重要です。教育費や住居の修繕費など、いずれまとまったお金が必要になるときや、万一の金利上昇リスクに備えましょう。

「借りられる金額」＝「返せる金額」とは限りません。月々の返済可能額を現実的に割り出し、そこから融資額を逆算してみることも大切です。

Check! 資金計画のスタートは無理なく返済できる金額の算出から

【自己資金】

●預貯金残高合計

万円

＋ プラス

●購入までに貯められるお金

万円

＋ プラス

●親からの資金贈与

万円

－ マイナス

●10年以内に使う予定のあるお金
（進学・冠婚葬祭・車関係など）

万円

－ マイナス

●3カ月ぶんの生活費
（非常時資金として）

万円

＝

住宅用資金　　万円 Ⓐ

◎物件価格の2割を頭金、1割を諸費用として準備するのが理想

【毎月の返済可能額】

●現在の住居費（家賃・駐車場代）

万円

＋ プラス

●現在の貯蓄額
（月当たりの金額）

万円

－ マイナス

●10年以内に増えそうな支出
（教育費など）

万円

＝

月々のローン返済可能額

万円 Ⓑ

↓

Ⓑをもとに、銀行のホームページなどに入力して、借りられる額をシミュレーション

＝

安心して返済できる融資総額

万円 Ⓒ

あなたが安心して購入できるのは……

（Ⓐ＋Ⓒ）×0.9＝　　万円の物件！

※大幅なリフォームや家具の一新を考えている人は、そのぶんをⒶから差し引いておくこと

プロからのアドバイス

賞与は勤務先の事情で、大幅にカットされることもめずらしくありません。ボーナス払いは考えずに、月々の返済額を見積もるようにしましょう。

キホン⑥ 中古一戸建ても住宅ローン減税を受けられるの？

13年間にわたって所得税が控除される

住宅ローン控除（住宅ローン減税）とは、正式には「住宅借入金等特別控除」と呼び、住宅の取得や一定の増改築・リフォーム工事を行って10年以上のローンを組んだ人が10年または13年間にわたって受けられる所得税の減税措置です。

具体的には、特定取得（消費税8％以上）の場合、一般の中古一戸建てでは、1～10年目は年末の住宅ローン残高の1％の金額（最高40万円）、11～13年目は年末のローン残高の1％か、建物価格の2％を3年で割った金額のいずれか少ないほうの額がその年に支払った所得税から戻ってきます。住宅ローン残高の1％より支払っている所得税が少なかった場合には、戻しきれなかったぶんを翌年の住民税から13万6500円を上限に控除（減税）されます。

たとえば、住宅ローンの借入額が3000万円、金利1・5％、返済期間35年、年収400万円で配偶者一人（扶養親族）の場合、13年間の控除額の合計はおよそ214万5000円となります。

また、個人が売主で消費税がかからない場合は、特定取得以外となり、最長10年、1年あたりの最大控除額は20万円となります。

なお、同控除を受けるには、会社員の人は入居した最初の年だけ確定申告が必要で（翌年からは年末調整）、個人事業主の人は自分で毎年申告します。

契約時期と入居時期に要注意！

住宅ローン控除の恩恵にあずかるには、いくつかの要件を満たさなければなりません。まず中古一戸建ての場合、築20年以内であること。ただし、それ以前に建てられた一戸建てでも、新耐震基準に適合していることを証明すれば、控除の対象となります。そのための必要書類としては耐震基準適合証明書、住宅性能評価書などがありますが、いずれも審査が大がかりになるため、ハードルが高くなります。

そこで、購入する一戸建てが築20年超〜38年程度の場合は、審査がゆるめな「既存住宅売買瑕疵保険」（２１２ページ参照）に加入できるか、確認してみましょう。同保険では、81年6月以降に建築確認された住宅（82ページ参照）については、新耐震基準に適合しているものとして審査を行う検査機関が多いためです。加入できると保険付保証明書を取得でき、住宅ローン控除の対象となります。

また、注意が必要なのが契約時期と入居時期です。現状、前記の条件で住宅ローン控除を受けられるのは、「売買契約日が２０２１年11月30日まで」かつ「入居開始日が２０２２年12月31日まで」の要件を満たしている場合です。今後も、住宅ローン控除そのものがなくなることはないと思いますが、これらの期日より後のことは現段階（２０２１年３月時点）では決まっていません。

■住宅ローン減税の概要

売買契約日:2021年11月30日まで
入居開始日:2022年12月31日まで

	年末のローン残高の限度額	控除率	1年当たりの最大控除額（1〜10年目）	1年当たりの最大控除額（11〜13年目）
一般住宅	4,000万円以上	1%	特定取得:40万円 特定取得以外:20万円	〈特定取得の場合のみ〉 以下のいずれか少ない額 ①年末のローン残高×1% ②建物購入価格×2%÷3年
認定住宅（長期優良住宅）	5,000万円以上	1%	50万円	
主な要件	●床面積が**40㎡以上**であること（登記簿上の面積であることに注意！） ●借入金の返済期間が**10年以上**であること ●マンションの場合**築20年以内**、もしくは一定の耐震基準を満たしていること ●床面積の**2分の１以上**が、もっぱら自分の居住用であること ●控除を受ける人の合計所得金額が**3,000万円以下**であること ●生計を一にする親族などからの購入ではないこと、など			

◎所得税で控除しきれない場合は、住民税から所得税の一部を控除（上限 136,500 円）

商品選び①

商品の特徴を決める4つの金利タイプを知っておこう

金利タイプの違いは「金利の決まり方」

住宅ローン選びのポイントは、「金利タイプ」の違いを理解することです。金利タイプとは、その商品の金利が変わるかどうかです。各商品の性格を決定づけるものといっていいでしょう。

「全期間固定金利型」「変動金利型」「固定金利期間選択型」「ミックス型」の4つがあって、ほとんどすべての商品はこのいずれかに分類されます。どのタイプの商品かによって、向いている人や向かない人がある程度決まってきます。

全期間固定金利型は、返済期間中に金利が変動しないタイプの商品です。借入時に総返済額と毎月返済額が確定するため安心ですが、基本的にほかの金利タイプより金利が高くなります。将来の金利上昇リスクを避けたい人に向いており、代表的なものは「フラット35」（164ページ参照）です。

変動金利型は、返済期間中に金利が変動する可能性のあるタイプの商品です。一般に、借入れ当初はほかの金利タイプより低い金利で借りられる傾向がありますが、通常、半年ごとに金利が見直されます。

そのため金利動向によっては金利が大幅に上がって、毎月の返済が増え、支払いが苦しくなったり、ほかの金利タイプよりも総返済額が増えてしまう可能性もあります。現在のような低金利が長く続けば、金利が低いぶん得をします。

固定金利期間選択型は、一定期間金利が固定されるタイプの商品です。固定期間終了後は新たに変動金利型か固定金利型かを選び直し、その時点の金利が適用されます。そのときに金利が上昇していれば、毎月の返済額はふくらむので注意が必要です。なお、固定期間は２～20年が中心ですから、たとえば子育て中は毎月返済額が上がるリスクを避けたいといった人以外、あまりメリットはありません。

ミックス型商品は、借入額を任意の金額で分け、「変動金利＋20年固定」「10年固定＋35年固定」といったように、同一の金融機関で金利タイプの異なる住宅ローン契約を２本結ぶタイプの商品です。違った金利タイプの住宅ローンを利用することで、基本的には金利上昇リスクを分散できますが、各金利タイプのメリットも半減することになります。取り扱う金融機関も少なく、商品数も多くありません。

金利上昇時には全期間固定金利型が安心

どの金利タイプが有利かは、金利情勢によって大きく変わります。

低金利で利息の安い変動金利型は、金利の下がる局面や安定しているときは得ですが、金利が上昇傾向のときは利息の負担が大きくなります。

今の低金利は歴史的にも低水準。今後、金利が上昇していく可能性が高いでしょう。リスクを避けたい人には全期間固定金利型をおすすめします。

■金利タイプ別メリットとデメリット

金利タイプ	メリット	デメリット
全期間固定金利型	返済完了まで固定金利が適用されるので、返済総額が確定し、返済計画が立てやすい。	借入時の金利が高ければ、結果的に返済総額が多くなることもある。
変動金利型	金利が高い時期に借入れした場合、その後、金利が低下すれば負担が減少する。	金利情勢によって返済額が大幅に上がったり、長期では返済計画に狂いが生じることも。
固定金利期間選択型	低金利のキャンペーン商品などが選べる。固定期間終了時に金利が低下していれば負担が減少する。	固定期間終了後、金利情勢によっては返済額が大幅に上がることがある。
ミックス型	異なる金利タイプの住宅ローンを利用することで、金利上昇リスクを分散できる。	メリットがある半面、各金利タイプのメリットが半減する。商品数は多くない。

商品選び②
返済方法は安心度の高い「元利均等返済」を選択する

総返済額が少ないのは「元金均等返済」

住宅ローンの返済方法には「元利均等返済」と「元金均等返済」の2種類があります。

元利均等返済は、毎月の返済額を一定にし、利息ぶんを引いた金額を元金に充てるものです。返済開始から完済時まで返済額が一定のため、返済計画が立てやすい半面、返済当初の中身は利息の割合が高く、元金がなかなか減りません。そのため、総返済額は元金均等返済より多くなります。

元金均等返済は、元金ぶんを毎月均等に設定し、そこに元金残高に対する利息を加えて、月々の返済額とするもの。返済当初の返済額は多くなりますが、元金が確実に減っていくため、支払額が少しずつ減り、総返済額は少なくなります。

融資額が多く借りやすいのは「元利均等返済」

元利均等返済と元金均等返済のどちらが得か損かは一概にはいえません。民間住宅ローンは元利均等返済のものが中心です。フラット35では元利均等返済と元金均等返済のいずれかを選択できます。

総返済額が少なくて済む元金均等返済を選択したほうが得に思うかもしれませんが、当初の返済負担が大きいこと、また毎月の返済額が安定せず、家計管理が難しくなるというデメリットがあります。

そのため、無理に元金均等返済を選ぶよりも、元利均等返済を選択して、確実に完済を目指すほうをおすすめします。そのうえで、もし貯蓄に余裕があるようなら、繰り上げ返済（180ページ参照）を行って総返済額を減らしていくのがいいでしょう。

Check! 総返済額の違いを知っておこう！

■元利均等返済と元金均等返済のしくみ

元利均等返済

◎毎月の返済額が一定

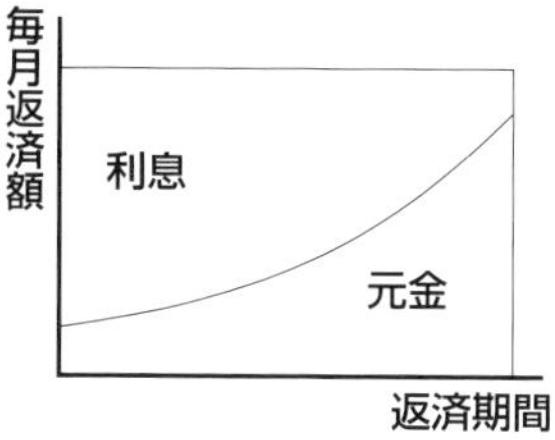

メリット	デメリット
返済計画が立てやすい	当初の返済額は利息の割合が高く、元金がなかなか減らないため総返済額が多くなる

元金均等返済

◎元金の返済額が一定

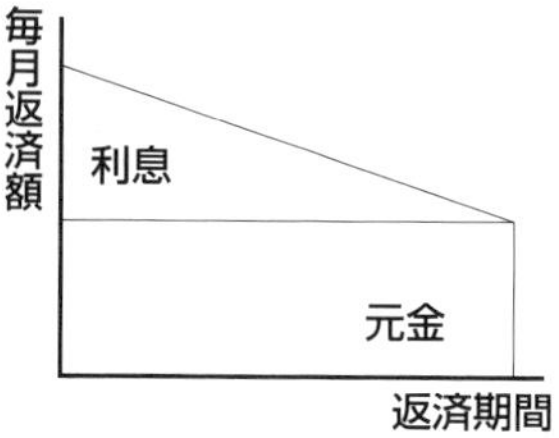

メリット	デメリット
元金が早く減るため支払額が少しずつ減っていく。総返済額も少ない	当初の返済額が多い。同じ年収の場合、元利均等にくらべ借入限度額が少なくなる

■1,000万円を金利1.5%、25年返済で借りた場合の比較（概算）

		元利均等返済	元金均等返済	差　額
年間返済額	2年目	47万9,916円	54万1,242円	6万1,326円
	10年目	47万9,916円	49万3,242円	1万3,326円
	13年目	47万9,916円	47万5,242円	4,674円
	20年目	47万9,916円	43万3,242円	4万6,674円
総返済額		1,199万7,944円	1,188万1,150円	11万6,794円

プロからのアドバイス

元利均等返済でも、「返済期間を短くする」「こまめに繰り上げ返済をする」と、元金均等返済と同等以上のメリットが生まれます。

12年目までは、元金均等返済のほうが年間の返済額が多くリスクが高くなる！

中古一戸建ての

住宅ローン

商品選び③ 借入先によって、商品特性や審査基準に特色がある

顧客獲得に積極的な都市銀行、地方銀行

住宅ローンの借入先は左表のように民間金融機関（民間ローン）と公的融資（公的ローン）に分かれます。ここでは、民間金融機関の中でも、都市銀行、地方銀行、ネット銀行の特徴と違いについて見てみましょう。

都市銀行の特徴は、店舗数が多く、手続きに便利な点です。対面で相談できる住宅ローンセンターや、電話での無料相談窓口も設置され、不明点を確認しやすいところは、都市銀行ならではの強みです。審査が厳しいというイメージがあるかもしれませんが、ネット銀行などに比べるとゆるやかです。

地方銀行の特徴は、各地域の競争具合によって、金利差が大きいこと。地域によっては、ある銀行が特別金利の商品を出すと、別の銀行がさらに安い金利の商品を出すなど、顧客獲得の競争も盛んです。審査は個々の事情に耳を傾け、なるべく通るように働きかけてくれることもあります。

金利は安めだが審査は厳しいネット銀行

ネット銀行の最大の魅力は金利の低さです。ただし金利が低いぶん、審査に慎重を期し、さらに本審査の手続きは郵送になるため、結果が出るまでに時間がかかります。審査に落ちてから申し込み直すのは時間のロスになるため、ネット銀行が第一候補でも、同時に都市銀行や地方銀行に申し込んでおくほうが得策です。また、多くのネット銀行が「保証料なし」を謳っていますが、一方で事務手数料が数十万円になることもあります。

■住宅ローンの主な借入先

借入先			金利タイプ	特徴
民間ローン	銀行等	都市銀行 信託銀行	変動金利型 固定期間選択型 全期間固定金利型	・金利競争が激しく低めだが、審査基準は厳しい傾向。都市圏在住者には支店も多く、便利な存在 ・ネットバンキングにも力を入れており、パソコンで住宅ローンを申し込めば金利が優遇されるプランも
		地方銀行		・金利は若干高め。有力な地銀が複数ある県では、店頭金利は地域によって差がある。顧客獲得のためのキャンペーン合戦も展開 ・地元密着型の金融機関なので、相談に乗ってもらいやすく借りやすい面も
		ネット銀行		・実店舗がないぶん、金利は低めだが、審査は厳しい。個人の事情が勘案されにくい面があるので、必要書類について自分でよく理解しておく必要がある ・対面で相談できる店舗を出店したり、団信特約などさまざまな特典をつけるケースが増えている
		信用金庫 信用組合	変動金利型 固定期間選択型	・メインバンクとして使う人が多くないので、住宅ローンの申し込みを歓迎してくれる場合もある。大手銀行のように金利の低さはあまり期待できない
		労働金庫 ＪＡバンク	変動金利型 固定期間選択型 全期間固定金利型	・ＪＡの組合員向けの住宅ローンは農家以外でも組合費を納めて準組合員になれば利用できる場合も。土地のみの購入や住宅の増改築・リフォーム向けや、特約も拡充。子育て世代を応援する住宅ローンも ・労働金庫の住宅ローンは審査基準が比較的ゆるやかで、組合員であれば金利等の優遇がある。非組合員でも一定条件を満たせば利用できる
		ノンバンク ※預金を持たない金融機関		・住宅ローン専門会社・信販会社・クレジット会社などがある。最近はハウスメーカーなどがモーゲージ・バンカーを設立し、長期固定金利型のローンを提供している
公的ローン	フラット35		全期間固定金利型	・住宅金融支援機構による長期固定型住宅ローン。申込要件など、主な商品概要は全国共通だが、ローンを提供するのは民間金融機関 ・住宅金融支援機構による住宅ローン債権の証券化のしくみを利用した長期固定金利型のローン。金利は金融機関によって異なる ・融資額は購入価額以内（最高8,000万円）。ただし、機構が定めた技術基準をクリアする必要がある。保証料不要。繰り上げ返済時の手数料も無料 ・団信への加入は任意
	財形住宅融資		５年固定金利型	・財形貯蓄を１年以上継続し、貯蓄残高50万円以上ある人を対象とした融資(財形貯蓄残高の10倍までの額で最高4,000万円まで融資)。事務手数料無料
	自治体融資		自治体によって異なる	・自治体により異なり、設けていない自治体もある。物件や融資限度額には、一定の制限があるが、金利面は比較的有利なものも

参考資料：住宅金融普及協会のHP等を参考に作成。上記のほかに生命保険会社の住宅ローンもある

中古一戸建ての

住宅ローン

商品選び④ 公的ローン「フラット35」と民間ローンの違いはここ！

公的ローンとして頼りになる存在

「フラット35」は住宅金融支援機構による全期間固定金利型の住宅ローン商品です。大きな魅力は比較的審査がゆるく、融資額が物件価格の10割まで可能である点です。

少ない自己資金でも返済能力さえあれば、その名のとおり最長35年間の固定金利で借入れができる数少ない頼りになる存在です。都市銀行、地銀、信金、信組など、多くの金融機関で取り扱っています。

申込要件など、主な商品概要は全国共通ですが、各金融機関で独自の金利設定が行われています。2021年3月時点の適用金利は融資率90％以下が1・35〜2・23％と、民間ローンの全期間固定金利の最低水準と大差ありません（融資率90％超は1・61〜2・49％）。

さらに民間ローンで必要になることが多い保証料が無料です。保証料とはローン契約を結ぶ際、保証会社にいわば連帯保証人になってもらうための費用です。通常、数十万〜100万円前後かかりますが（一括払いの場合と、月々の返済に上乗せする場合があります）、これが無料で済みます。

審査がゆるめで、収入が低めでも借りやすい

とくにフラット35の特徴となっているのは、民間ローンよりも審査がゆるめで、雇用形態や勤続年数などについて要件がありません。パートやアルバイト、自営業者でも年収さえしっかりあれば門戸が開かれており、対象となる返済負担率の範囲で借入れができます。

また、雇用形態の条件がないことから、返済負担率の基準を満たさない場合、配偶者との収入合算（172ページ参照）の利用も考えられます。たとえば、夫が契約社員で妻がパートでも借りられる可能性があります。

支援機構の技術基準に適合している物件が対象

フラット35を利用するには、住宅金融支援機構が定めた独自の技術基準に適合していることを証明する「（フラット35）適合証明書」が必要です。新耐震基準（82ページ参照）に適合していないと、別途「耐震基準適合証明書」を取得する必要があり、現実的には難しくなっています。

検査するのは、住宅の「規模」「構造」「耐震性」など8項目。床面積が70平方メートル未満の住宅や、基礎の著しく劣化した住宅などは基準をクリアできず、フラット35を利用できません。適合証明書が交付された物件は、優良な住宅の証にもなるのです。

独自に検査を依頼する場合（検査費用は申込者負担で、3万～10万円程度が相場です）は、支援機構のホームページで適合証明機関を検索することもできますが、金融機関側でも斡旋してくれます。

■フラット35の金利水準

◎フラット35は住宅金融支援機構の商品だが、販売先は提携する民間の金融機関。借入先によって金利やサービスが違うので注意

金融機関名	金利	事務手数料	備考
みずほ銀行	1.54%	融資額×1.87%	フラット35との組み合わせで購入価格の100%を借入れできる「フラット35パッケージローン」もある
楽天銀行	1.35%	融資額×1.1%（最低額110,000円）	オリジナル商品「固定と変動」は、変動金利との組み合わせでフラット35部分の金利を抑えることが可能
住信SBIネット銀行	1.35%	融資額×1.1%（最低額110,000円）	自己資金なしで融資率9割以下の金利になる「フラット35ミスターパッケージローン」という商品もある
ARUHI	1.35%	融資額×2.2%（最低額200,000円）	フラット35の取り扱いシェアはトップクラス。購入価格の20%を頭金にすることで0.1%金利が安くなるプランもある

※金利は2021年3月1日現在の店頭金利。返済期間は21年以上35年以下。融資率9割以下、機構団信に加入した場合

商品選び⑤

「〇〇金利」の用語を知ると、商品の特徴は簡単にわかる

意味別に整理すると4種類

住宅ローンの商品説明には、「店頭金利」「適用金利」「優遇金利」など、たくさんの「〇〇金利」という用語が出てきます。各金融機関で独自の用語を使っているためなのですが、意味別に分類すると、わずか4種類に整理されます。

左ページのとおり、用語の意味さえわかってしまえば、商品の比較が容易に行えるようになります。

①金利の「基準」を示す用語

「店頭金利」「店頭表示金利」「基準金利」「標準金利」「ネット専用金利」など。各金融機関が金利タイプごとに定めている、住宅ローンの基準となる金利のこと。いわば、金利の「定価」です。

②金利の「基準」からの「値引き幅」を示す用語

「優遇幅〇%」「〇%優遇」「引き下げ幅〇%」「優遇金利」など。実際に融資する際、店頭金利から何パーセント値引くかを示します。

③「実行金利」を示す用語

「表面金利」「適用金利」「借入金利」「優遇金利」など。店頭金利から「優遇幅」を引いた、実際に借り入れる際に適用される金利です。

④「当初数年の金利」を示す用語

「当初金利」「当初適用金利」「当初優遇金利」など。契約から数年後に優遇幅が小さくなる（＝金利が上がる）商品における、当初の表面金利（実売価格）のことです。そのため、優遇幅が小さくなった後の金利も計算しないと、本当に得な商品かどうかわかりません。現在の金利水準であれば「後で金利がアップする可能性が高い金利」と覚えておきましょう。

Check! 主な「○○金利」の意味を理解しておこう！

■4種類ある金利の違い

〈変動金利の広告例〉

①店頭金利 年2.475%
▼
③年0.47%
全期間
②最大年▲2.0%

〈当初10年固定の広告例〉

①店頭金利 年3.3%
▼
当初適用金利（10年）
④年1.29%
固定期間終了から完済まで
②店頭金利 より▲1.5%

ここの店頭金利は、固定期間終了後（この場合10年後）の店頭金利

当初の優遇幅は3.3%−1.29%=2.01%だが、固定期間終了後は1.5%に縮小されることが決まっている

①金利の「基準」を示す用語

「店頭金利」「店頭表示金利」
「基準金利」「標準金利」「ネット専用金利」

各金融機関で独自に設定。変動金利の場合、ローンの返済中でも、金利動向によって変動する可能性がある。

②金利の「基準」からの「値引き幅」を示す用語

「優遇幅○%」「○%優遇」
「引き下げ幅○%」「優遇金利」

「優遇幅△%〜○%」と表示されている場合、引き下げの金利が申込者によって違う。店頭金利と違い、優遇幅は契約内容によって狭まることはあっても、金利動向によって変化しない。

③「実行金利」を示す用語

「表面金利」「適用金利」
「借入金利」「優遇金利」

②にも「優遇金利」があるのは本文にもあるとおり、金融機関ごとに用語統一されていないため、どちらの意味にも使用されている。

④「当初数年の金利」を示す用語

「当初金利」「当初適用金利」
「当初優遇金利」「キャンペーン金利」

ローン返済中の、優遇幅が小さくなった後の金利も計算に入れて総返済額を予測しないと、本当にお得な商品かどうかは判断できない。

商品選び⑥ ベストな商品選びは、3ステップで考えよう

商品選びの優先順位は「金利」から

住宅ローンの商品数は膨大です。一つを選ぶには、優先順位があります。まずは「金利タイプ」を決め、次に「金利」で候補を絞り、「総返済額＋諸費用」で決定します。

①第1ステップ「金利タイプ」の選択

４つの金利タイプ「全期間固定金利型」「変動金利型」「固定金利期間選択型」「ミックス型」のうち、どのタイプの商品にするかを決めます。１５８ページでふれたとおり、それぞれメリット・デメリットがあり、将来も含めた返済計画と深く関わります。

安定・安全を求めるなら、全期間固定金利型をおすすめします。変動金利型より金利が高いといっても、実際の貸し出し金利（適用金利）との比較で、現在の固定金利は10年前の変動金利よりも低利です。

なかには、とりあえず変動金利で借りておいて、金利が上がり始めたら固定金利に借り換えようという人もいるでしょう。ただし、金利は固定金利のほうが変動金利より先に上がるしくみになっています。そのため、変動金利が上がり始めたときには、すでに固定金利は上昇しています。結局、その時点においては、より高い金利に借り換えることになるため、決断するのは簡単でないことを心に留めておきましょう。

②第2ステップ「金利」による絞り込み

金利タイプを決めた後は、その中から「金利」に注目して、商品を3～5つ程度に絞り込みます。「保証料0円」「一部繰り上げ返済手数料0円」など、各商品ともいろいろなサービスを謳っていますが、金利0・1％の効果に勝るものはないからです。

たとえば、借入額４０００万円、借入期間35年（元利均等払い）、返済中に金利が変わらなかった場合、金利０・１％の差で総返済額は約86万円も違ってきます。商品によって、金利が０・２％、０・３％と違っていることは珍しくありません。金利０・１％を軽視していると、住宅ローンを組んだ時点で数十万円、数百万円も多く支払うことを確定させてしまうことになります。

③第３ステップ「総返済額＋諸費用」で決定

最後は絞った候補の中から、借入れにかかる事務手数料などの諸費用も計算に入れて一つに決定します。その際、注意が必要なのは「当初10年は優遇幅○％、以降は△％」とされている当初期間優遇型の商品です。返済を開始してから数年後に優遇幅が変わることが確定しているもので、固定金利期間選択型に多くなっています（１６６ページ参照）。

優遇幅はその時点での店頭金利から値引かれます。将来の店頭金利は不明ですから総返済額はあくまで予測で計算することになります。シミュレーションサイトなどを使って、現在の金利が続いた場合と、２％、３％、４％などに上昇した場合の数パターンで計算して、リスクを検討してみるといいでしょう。

■A銀行の2つの変動金利型商品の比較

●借入金額4,000万円、返済期間35年の場合

商品タイプ	金利	事務手数料（諸費用）	支払い総利息	元金+事務手数料+支払い総額
A商品	0.457%	864,000円（借入額×2.16%）	3,291,645円	44,155,645円
B商品	0.757%	43,200円（定額型）	5,545,035円	45,588,235円

※元利均等返済（借入期間中、金利変動はなかったと想定）

A商品は事務手数料は高いが、金利の差0.3%は大きく、B商品よりも支払い総額は安くなる！

◎変動金利の5年ルールと1.25倍ルール
金利は半年ごとに見直されますが、返済額は5年間変わりません。また返済額が変わる場合でも、最大で1.25倍までとなります。

中古一戸建ての
住宅ローン

商品選び⑦
安心できる借入額は年収よりも生活レベルで考える

借入可能額と返済可能額は別物

住宅ローンを考えるにあたって注意が必要なのは、「借りられる」と「返済できる」は同じではないことです。

借入可能額は、金融機関が借主の年収や勤続年数、ほかのローン借入額などを審査して、はじき出す数字です。

しかし、これは形式的な分析であって、各家庭の内情まで加味したものではありません。

たとえば、子どもの進学先が公立か私立かによっても、家計のゆとりは違ってきます。高齢者の親のいる家庭ならば、将来の介護のことも考えておかなければならないでしょう。

また、年収についても、将来、いくらもらえるかは、本人の能力はもちろん、勤務先の会社の経営状態や経済状態に大きく左右されます。

借入可能額が同じでも、家族構成やライフスタイル、また将来設計の違いで返済可能額は変わってくるのです。

返済可能額は自分にしかわからない

返済可能額は、借主が家計とのバランスで考えるべきものです。

一般的には「現在の家賃」＋「年間貯蓄額」が返済可能額だといわれます。

しかし、ゆとりある暮らしを希望するなら、そこから教育費や老後の資金などの貯蓄ぶんを差し引いておく必要があります。

また、固定資産税や管理費・修繕積立金などのランニングコストも念頭に置いておかなければなりません。

頭金にはリスク回避の意味もある

とくに不動産の広告で「頭金ゼロで購入可」「月々のお支払い○万円より」という文面をよく見ます。「頭金がなくて、月々の支払いも今の家賃より安いならお得」と感じる人もいるかもしれません。

しかし、こうした広告はよく見ると、たいていはその時点の最低金利（変動金利）、返済期間35年で計算しています。同条件では融資を受けられないこともあります。広告はあくまで参考として考えなければなりません。

不動産仲介会社によっては、たずねられたことについては答えても、自ら不利な情報を教えてくれるとは限りません。

ローンの支払いは購入者自身なので、不動産会社は責任をとらなくてよい立場にいるからです。

資金や融資についての一般的なシミュレーションはあくまで目安です。本当の返済可能額は家庭ごとに違うのですから、自分でじっくりと考えてみることが必要です。

■金利が１％上がったときの総返済額の変化

借入額3,500万円　返済期間25年を想定

〈金利0.5％の場合〉

毎月返済額　12万4,134円　総返済額　約3,724万円

〈金利1.5％の場合〉

毎月返済額　13万9,977円　総返済額　約4,199万円

金利が１％上がると

毎月返済額　1万5,843円増!　総返済額　約475万円増!

※元利均等返済、全期間固定金利の場合

借りテク①
収入に不安があれば、「収入合算」「ペアローン」も！

ふたりの収入で審査する「収入合算」

152ページでお話ししたとおり、借入可能額は申込者の収入と返済負担率が基準になります。そのため、融資そのものはOKでも、希望融資額からの減額提示を受けることもあります。

申込者本人の年収によって減額される可能性が高いときは、共働きであれば、夫婦の「収入合算」で審査に申し込むのも手です。

申込者の収入に合算できる相手の金額は「申込者の収入の2分の1まで」「合算者の収入の2分の1まで」「合算者の収入全部」など金融機関によりますが、申込者と合算者の収入を合算した金額で借入可能額を算出してもらえるため、融資可能額がアップします。

注意したいのは、お互いの権利関係です。まず、どちらかが債務者、もう一方が連帯保証人となるパターン。連帯保証人は、債務者の返済が滞った際に返済の義務を負いますが、所有権の持ち分はありません。団信への加入はできず、住宅ローン控除も受けられません。

そのほかに、どちらかが債務者で、もう一方が連帯債務者となるパターンがあります。たとえば、フラット35では、一方が連帯債務者となるため、それぞれが拠出した割合に応じて、不動産の持ち分が発生します。団信への加入も、住宅ローン控除もふたりとも認められます。

なお、夫婦だけでなく、親子や兄弟姉妹でも、合算できるものもあります（186ページ参照）。そもそも収入合算自体を認めていないところもあるので事前に確認しましょう。

それぞれ審査を受ける「ペアローン」

借入可能額を増やすもう一つの方法として、夫婦それぞれがローンを組む「ペアローン」があります。一つの物件に対して、夫婦それぞれがローンを組み、2つの住宅ローンを利用することになります。

たとえば、5000万円の一戸建てを頭金1000万円、残りの4000万円を住宅ローンで購入する場合、夫の名義で2000万円、妻の名義で2000万円の住宅ローンを組みます。夫婦それぞれの収入に対して借入可能額を計算するため、一人でローンを組むより借入可能額は大きくなります。

それぞれが住宅ローンを組むため、不動産の所有権は各々の負担割合に基づいた共有名義となります。住宅ローン控除はそれぞれが受けられますが、住宅ローン契約の際の事務手数料や印紙代は2倍かかります。

また、夫婦それぞれが住宅ローンの主たる債務者であると同時に、お互いの連帯保証人になることを求められます。そのため、どちらかが返済できないときは、もう一人が返済義務を負うことになります。

■収入合算とペアローンの違い

借入方法	ローン契約上の立場		住宅ローン控除の適用		団体信用生命保険への加入	
	A	B	A	B	A	B
収入合算（連帯保証タイプ）	借入者（債務者）	連帯保証人	○	×	○	×
収入合算（連帯債務タイプ）	借入者（主債務者）	連帯債務者	○	○	○	△
ペアローン	借入者（債務者かつBの連帯保証人）	借入者（債務者かつAの連帯保証人）	○	○	○	○

中古一戸建ての住宅ローン

借りテク②　購入と同時にリフォームするなら、住宅ローンとまとめて借りる

リフォーム費を購入価格と一体化するローン

１３８ページでもお話ししたように、リフォームをするなら購入と同時がおすすめです。自己資金にゆとりがなくても、住宅ローンにリフォーム費用をプラスして借入れできる商品（リフォーム一体型ローン）もあります。

金利は住宅ローンとなるため、通常のリフォームローンより低く設定されていますし、返済期間は最長35年などの融資を受けられる商品です。

実際にリフォーム一体型ローンを利用して、中古一戸建ての購入と同時に間取り変更などのリノベーションをする人も増えています。

民間ローン、公的ローンともに商品数が豊富

リフォーム一体型ローンを取り扱う金融機関としては、みずほ銀行、りそな銀行、新生銀行など、多くの金融機関があります。たとえば、みずほ銀行では金利は一般の住宅ローンのものを適用されます。

また、物件購入の契約とリフォーム費用の支払い時期に合わせて、融資実行を2回に分割することもできます（りそな銀行にも同様の商品があります）。

また、フラット35でも一般的なリフォーム一体型の商品と、性能向上のためのバリアフリー工事などを購入と同時に行う場合の「フラット35リノベ」といった商品があります。取り扱っている金融機関には三井住友信託銀行、ＡＲＵＨＩ、優良住宅ローン、各地の地方銀行、信金、信組など、全国で約80の金融機関があります。

ただし融資の条件として、旧耐震の一戸建ての場

合、リフォーム完了後の瑕疵を未然に防止するための「リフォーム瑕疵保険」への加入が必須条件になります。

融資を申し込む時点でリフォーム費用を確定

リフォーム一体型ローンを利用する場合の流れを簡単に見てみましょう。まずポイントになるのは、審査にあたって工事費用の見積書が必要になることです。そのためローンに申し込む時点でリフォーム費用がおよそ確定していなければいけません。

物件が見つかる前から、依頼するリフォーム会社の見当をつけておきましょう。そして購入する物件が見つかったら、売主に協力をお願いして早めに複数のリフォーム会社から相見積もりをとり、どの会社にするか決定します。

リフォーム一体型ローンでは、物件の購入代金の決済時と、リフォーム工事の着工時の２回に分けて融資を受けることが多くなります。

リフォーム工事は決済・引渡し後になります。すぐにリフォーム会社と工事請負契約を結び、着手金を支払って工事がスタートするという流れになります（残金は工事完了後に支払います）。

■「住宅ローン+リフォームローン」と「リフォーム一体型ローン」（フラット35）の比較

住宅ローン+リフォームローンを利用

	借入額	月々の返済額	金利	返済期間
住宅ローン（フラット35）	3,500万円	104,611円	固定1.35%	35年
リフォームローン	500万円	34,229円	変動2.875%	15年
合計	4,000万円	138,840円		

リフォーム一体型の住宅ローンを利用

	借入額	返済期間	月々の返済額	金利	返済期間
フラット35リノベ	3,500万円	当初10年間	96,372円	固定0.85%	35年
		11年目以降	102,310円	固定1.35%	

※ARUHI（旧SBIモーゲージ）のフラット35リノベ（当初10年間の金利0.5%引き下げプラン）を利用した場合

リフォームローンを併用した場合よりも月々の支払いを抑えられる

中古一戸建ての

住宅ローン

借りテク③ 火災保険は補償をよく確認して、納得のいくものを選ぶ

火災保険への加入は住宅ローンの条件

住宅ローンの利用にあたっては、ほとんどの銀行が火災保険への加入を条件としています。火災保険は火災だけでなく、水災や風災など自然災害による損害に対する補償も付帯できます。次項の地震保険も火災保険とセットでないと加入できません。

火災や自然災害による損害で居住できなくなっても、住宅ローンの返済は免除されないため、火災保険への加入は必須なのです。たとえば、もらい火（類焼）でも、原状回復の費用は基本的に自分持ちとなります。原因が故意や重過失でないと、失火責任法により、火元に損害賠償請求できません。

また、近年、豪雨を原因とする水害が頻発していきます。都心のマンションでも床上浸水の被害が生じていますし、バルコニーから部屋に浸水することも考えられます。こうしたときも火災保険に加入して、水災の補償を付帯していると安心できます。

補償対象は3つのタイプから選ぶ

火災保険への加入では、補償対象を「建物」「家財（家具・家電・衣服など）」「建物＋家財」の大きく3つから選びます。

このうち銀行が住宅ローンを組むうえで条件としているのは、建物のみです。そのため、家財に入るかどうかは自分で決められますが、加入しておくことをおすすめします。小さな火事でも、煙や消火活動によって、多くの家財が使いものにならなくなります。保険金によって建物は修復できても、家財がそろわなければ、元の生活には戻れません。すべて

買い直すとすると、数百万円はゆうにかかります。

なお、家財とは生活用の動産のことで、現金や小切手などは原則、補償の対象外です。貴金属については一般に時価で30万円程度のものまで対象となりますが、高額なものは契約時に保険会社に申告し、保険証券に明記してもらう必要があります。

加入する火災保険は自分で選べる

火災保険は銀行側でも商品を用意していますが、自分で任意の火災保険を選ぶこともできます。そのことで、融資が不利になることはありません。ただし、銀行が用意する火災保険は団体割引が適用されることが多いため、同じ保険会社・補償内容の保険に加入するなら、個人で申し込むよりお得です。一方で、選べる商品は1～3種類程度に限られますし、不要な補償が組み込まれている場合もあります。

自分で任意の火災保険に加入する場合は、同等の建物や家財を再購入（原状回復）するのに必要となる「再調達価額」（新価基準）で保険金額を設定すること。まれに保険金を「時価」で算出する商品もあります。その場合、年数が経った建物や家財ほど支払われる保険金が少なくなってしまいます。

■主な損害の種類

損害の種類	補償対象となる損害例
①火災、落雷、破裂・爆発	失火や落雷での火事（含む類焼）、ガス漏れによる爆発
②水濡れ	給排水設備の事故などによる、自室や上階からの水濡れ損害
③風災、雪災、ひょう災	台風や暴風などによる損害
④水災	台風や豪雨などによる洪水や土砂崩れによる損害
⑤建物外部からの物体の落下、飛来、衝突	車が飛び込んでくるなどで発生した建物の損害
⑥盗難	窓ガラスを割られるなど、盗難による鍵や建物の損害
⑦突発的な事故による破損・汚損	家具や家電の移動中などに起きた、壁や窓ガラスなどの損害
⑧騒じょう・集団行動などに伴う、暴力・破壊行動	デモなど集団行動による暴力や破壊行為で受けた損害

中古一戸建ての住宅ローン

借りテク④ 火災保険だけでなく、地震保険にもセットで加入する

地震保険単体では加入できない

地震保険は火災保険に付帯する形で加入するものです。そのため、火災保険に加入していないと、地震保険にも入れません。ただし、住宅ローンを借りるうえで、加入が義務付けられているわけではないため、加入する・しないは自由です。地震保険の付帯率は一戸建ても含めて、全国平均で約67％となっています（2019年度）。

一方で、火災保険にしか加入していない場合、地震による火災の損害はほとんど補償されません。地震が原因で延焼した損害も補償の対象外となります。地震ここでの延焼とは、地震後すぐ火事にならず、地震から数日経過している場合でも、地震がきっかけで広がったり、発火したりした火事については、火災保険では補償を受けられません。補償を受けるには、地震保険への加入が必須となります。

保険会社によって保険料に差はない

地震保険は国の関与する半公的な保険のため、各保険会社で保険料に差はありません（「地震補償保険」という単独で加入できる地震保険も登場していますが、こちらは民間の保険会社独自の商品で、一般に地震保険と呼ばれているものとは異なります）。地震保険の保険金額は建物5000万円、家財1000万円を上限に、火災保険の保険金額の30～50％の範囲内で設定します。

ただし、実際に支払われる保険金額は損害の程度によって決まり、建物・家財とも、次のようになります。

・全損：保険金額の１００％（時価が限度）
・大半損：保険金額の60％（時価の60％が限度）
・小半損：保険金額の30％（時価の30％が限度）
・一部損：保険金額の５％（時価の５％が限度）

なお、前述のとおり、どの保険会社でも保険料率は一律ですが、地震のリスクによって、保険料に地域差はあります。

補償範囲は火災保険と同じになる

加入にあたって注意が必要なのは、地震保険の補償対象も火災保険と同じく、「建物」「家財」「建物＋家財」の３つに分かれ、火災保険の契約と同一になることです。

また、いったん火災保険に加入した後で地震保険を付帯する場合は、契約応答日（契約期間中に毎年迎える契約日に対応する月日）での契約となります。それより前に加入するには、加入中の火災保険を解約して入り直す必要があるため、手間です。そうでなくても、保険は最悪の事態の備えとして加入すべきものです。できれば、住宅ローンを組む際に、火災保険に地震保険を付帯して、「建物＋家財」を補償対象にしておくことをおすすめします。

■地震保険1,000万円当たりの年間保険料

都道府県	保険料（一般の木造住宅）
岩手県、秋田県、山形県、栃木県、群馬県、富山県、石川県、福井県、長野県、滋賀県、鳥取県、島根県、岡山県、広島県、山口県、福岡県、佐賀県、長崎県、熊本県、鹿児島県	12,300円
北海道、青森県、新潟県、岐阜県、京都府、兵庫県、奈良県	12,300円
福島県	19,500円
宮城県、山梨県、香川県、大分県、宮崎県、沖縄県	21,200円
愛媛県	21,200円
大阪府	21,200円
愛知県、三重県、和歌山県	21,200円
茨城県	36,600円
徳島県、高知県	41,800円
埼玉県	36,600円
千葉県、東京都、神奈川県、静岡県	42,200円

※2021年1月現在（損害保険料算出機構のホームページを参考に作成）

借りテク⑤

長期で借りて、余裕があれば繰り上げ返済する

繰り上げ返済の2つのタイプ

返済期間中に、金融機関が認める額以上のまとまった金額を前払いすることを、繰り上げ返済といいます。

融資額を大きくするには、できるだけ長い期間でローンを組むのが基本です。しかし、35年でローンを組んでも、実際はもっと短い期間でローンを完済してしまう人がほとんどです。なぜならば、ローンを短い期間で返済できるように繰り上げ返済する人が多いからです。

繰り上げ返済したぶんの金額は、元金の返済に充てられるため、その部分の利息が軽減されます。ですから、繰り上げ返済をする時期が早ければ早いほどメリットは大きくなります。

繰り上げ返済には、返済したぶん返済期間を短くする「返済期間短縮型」と、毎月の返済額を減らす「返済額軽減型」の2種類があります。繰り上げ返済するたびに、どちらかを選べるのがふつうです。

おすすめは返済期間短縮型

繰り上げ返済の効果がより高いのは返済期間短縮型です。返済期間が短くなれば短くなったぶんだけ支払い利息が減るので、総返済額が少なくなるからです。ただし、再度返済期間を延長することは基本的にはできないため、注意は必要です。

返済額軽減型の繰り上げ返済は、家計がどうしても苦しいときの緊急措置として考えるべきです。毎月の返済負担は減らせますが、総返済額は返済期間短縮型にくらべて多くなってしまいます。

ただし、いくら支払い利息が減るからといって、手元資金が厳しくなるまで繰り上げ返済するのは考えものです。子どもの教育費や予想外の出費のために、一定の資金は手元に残しておきたいものです。

ネットバンキングなら手数料がお得

なお、繰り上げ返済をする場合、金融機関によって手数料がかかることがありますが、インターネットで手続きできるところでは無料になることが多いようです。

また、借入時に保証料を一括払いしている場合、保証料の一部が戻ってきますが、その際の保証会社の事務手数料も確認しましょう。無料のことも多いですが、窓口で手続きする場合は１万円程度かかるケースもあります。

手数料が無料で、預金が一定額を超えると自動的に繰り上げ返済を行ってくれるローンや、預金残高ぶんの金利がかからない預金連動型ローンもあります。

フラット35では、繰り上げ返済日の１カ月以上前に申し込む必要があり、繰り上げ返済できる金額は１００万円以上です。なお、手数料は不要です。

■繰り上げ返済方法&返済時期の比較

4,000万円を返済期間35年、全期間固定金利1.5%で借り入れ、3年後もしくは10年後に200万円繰り上げ返済した場合の比較

		返済期間短縮型		返済額軽減型	
	繰り上げなし	３年後に繰り上げ	10年後に繰り上げ	３年後に繰り上げ	10年後に繰り上げ
返済期間	35年	32年11カ月	33年1カ月	35年	35年
毎月返済額	122,473円	122,473円	122,473円	115,912円	114,475円
総返済額	約5,144万円	約5,026万円	約5,057万円	約5,092万円	約5,104万円
利息減少額	−	約118万円	約87万円	約52万円	約40万円

※返済額軽減型の毎月返済額は、繰り上げ後の金額。元利均等返済

３年後の繰り上げのほうが10年後よりも約31万円お得！

返済額軽減型よりも総返済額で約47万円お得！

相談①
親から資金提供を受けるときに気をつけることは？

贈与にしたくなければ「借用書」を作成

家を購入するにあたり、親から資金援助してもらう人もいるでしょう。援助を受ける方法には、「借りる」「共同購入」「もらう」の3つがあります。

「借りる」では、税務署に「贈与」ではなく「借金」であることを証明するためにも、借用書を作成し、利息をつけて返済する。また、手渡しではなく金融機関に振り込むなどして、返済記録が残るようにしておきましょう。

「共同購入」では、借用書作成や贈与税の心配は不要です。ただし共同名義となるため親にも所有権が生じ、将来、親の持ち分が相続税の対象になります。

最大１０００万円の贈与まで税金がゼロ！

「もらう」については、贈与税がかかるのがふつうですが、一定額までの贈与につき贈与税が非課税となる制度もあります。

たとえば、父母や祖父母などから住宅購入やリフォームのための資金の贈与を受けて、個人が売主の中古一戸建てを購入した場合、「住宅取得等資金の贈与税の非課税制度」を利用すると、贈与の翌年3月15日までに自宅として居住していれば、最大で１０００万円まで税金がかかりません（左ページの図を参照）。ただし、床面積が50平方メートル以上２４０平方メートル以下の住宅を対象とするなどの要件を満たす必要があり、この税額が適用されるのは、２０２１年12月31日までに契約を締結した人が対象になります。

こうした制度が利用できない人も、年間１１０万円までの贈与は非課税となっています。

Check! 住宅取得等資金の贈与税の非課税制度のしくみ

■制度の適用条件

贈与する人

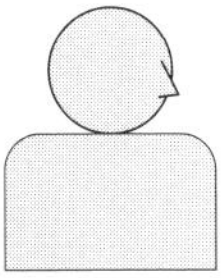

●贈与を受ける人の父母、祖父母など

物件

●床面積50㎡以上240㎡以下
●木造等耐火建築物以外は築20年以内の家。新耐震基準に適合していることなど

増改築する場合、工事費用が100万円以上であること。居住用部分の工事費が、全体の工事費の半分以上であること

贈与される人

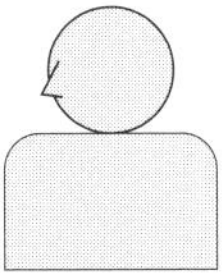

●贈与のあった年の1月1日時点で20歳以上の子

贈与年の所得税にかかる合計所得金額が1,000万円を超える場合、非課税にはならない

■非課税の限度額（売主が個人の中古住宅の場合）

契約締結年月	一般住宅	省エネ等住宅
2020年4月1日～ 2021年12月31日	500万円	1,000万円

※2022年度については、2021年3月現在、未定。

プロからのアドバイス

◎贈与の翌年3月15日までに住宅の引渡しを受け、同日までに居住しているか、居住することが確実と見込まれることが条件になります。

◎「省エネ性または耐震性を満たす住宅」とは、省エネルギー対策の評価が等級4に適合しているか、耐震等級の評価が等級2または3の基準に適合している住宅などを指します。

中古一戸建ての
住宅ローン

相談② 夫婦ふたりの名義にするにはどうすればいいの？

持ち分は出したお金の比率で決まる

購入した物件の名義は、出したお金の比率に応じて持ち分（共有）登記するのが決まりです。

たとえば、住宅ローンを借りるときに、妻の独身時代の貯金を頭金として支払ったり、妻の稼ぎを収入合算した場合は、夫婦の共有名義となります。

具体的にいうと、4000万円の物件を購入し、妻が預金800万円を頭金に、残り3200万円を夫の住宅ローンで負担した場合、妻の持ち分5分の1、夫の持ち分5分の4で登記します。

逆に、夫婦で買う一戸建てだからといって、妻が直接資金を出していないのに共有名義にすると、夫から妻への贈与となり、贈与税を課せられることになります。

共有名義にしたいときの方法

共働きでも、金融機関によっては、収入合算を認めないところもあります。こうしたときでも、共有名義にする方法は残されています。

それにはまず、夫の名義でローンを組み、夫が妻へ購入資金を貸した形をとるのです。お金を借りた妻は、毎月、夫に返済を行います。このとききちんと契約書をつくり、返済している証拠を通帳などに残しておかないと、贈与と見なされてしまいます。

妻からの返済は契約書どおりに行い、変則的に返済することは避けましょう。

妻に収入がない場合は、残念ながらこの方法も利用できません。妻から夫への返済能力が認められないからです。どうしても共有名義にしたい場合は、贈与として申請するしかありません。

共有名義のメリットは意外に少ない

共有名義のメリットは、相続時に相続財産が少なくなり、節税対策になる点です。

また、共有名義にすると、ふたりで住宅ローン控除が受けられると勘違いしている人もいるようですが、これは間違いです。住宅ローン控除はローン残高に応じて算出します。控除の対象となるのは、「ローンの債務者」だけです。「一戸建ての名義」と「ローンの債務」は別の話なのです。

最近では、夫と妻が「連帯債務者」になれる住宅ローンも登場しています。共働きであれば夫婦で別々に住宅ローンを組むことも可能です。この場合はふたりとも債務者なので、夫婦それぞれ住宅ローン控除を受けられます。ただし、１９２ページで見るように、配偶者が死亡した場合に、自分の債務は残るというリスクがあります。

離婚したときは、共有名義にしていると財産分与が難しくなり、協議が長期化するケースも少なくないのが現実です。

■共有名義のメリット・デメリット

〈メリット〉
- ●勝手に名義変更（売却など）されることがない
- ●どちらかが亡くなったとき、相続税が軽減される

〈デメリット〉
- ●離婚の際の財産分与が難しい
- ●共有者の承認を得ないと売却できない

■夫婦で連帯債務者になるメリット・デメリット

〈メリット〉
- ●ふたりで住宅ローン控除を受けられる
- ●ふたりの共有名義となる

〈デメリット〉
- ●ローンを別々に組んだ場合、手数料も２倍必要
- ●どちらかが失業したら、片方がローンを全額負担することに
- ●どちらかが死亡しても片方のローンぶんは残る

相談③ 中古一戸建てでも親子二世代ローンは使えるの？

二世代ローンのメリット

金融機関によっては、親子で二世代ローンを利用できます。2つのタイプがあり、「親子リレー方式」は申込者の子どもなどを連帯債務者として後継者に指定し、後継者が返済を継続するもの。一方「親子ペア方式」は親と子でそれぞれ同時にローンを組み、返済もそれぞれで同時に行っていくものです。

二世代ローンの最大のメリットは、融資額を増やせたり、返済期間を長くできたりする点。ある程度の年齢になってからの借入れでは、返済期間が長くとれず、融資金額を制限されがちですが、同ローンの利用により解決することができます。

親との同居が利用の条件

親子リレー方式の場合、団体信用生命保険の加入は、子どものみできるのが一般的です。親が死亡したときには、返済を子どもが引き継ぐことになります。親子ペア方式の場合は、親のぶんの返済は免除されますが、子どものぶんの返済は残ります。

ただし、親との同居、もしくは将来同居の予定がある、などの条件がつく場合がほとんどです。また、二世代ローンで購入した物件は親子の共有名義となるのがふつうですから、相続のときにほかの兄弟姉妹ともめないよう、事前に話し合っておくことが大切です。

なお、相続税の基礎控除額は、600万円×法定相続人の数+3000万円です。今後、子どもに残す資産は不動産の評価額を含め、きちんと把握しておきましょう。

Check! 親子二世代ローンのメリットとデメリット

【親子リレーローン】

メリット

◎すぐ同居する場合は親子の収入合算が認められ、融資額を増やせる
◎子どもの年齢を基準にするため、返済期間を長くでき、借入額を増やせる（夫婦の収入合算にはない長所）

デメリット

◎長期返済はそれだけ利息ぶんの払いがふくらむ
◎親子の借入金額、返済金額、共有持ち分があいまいになる（子どもの共有持ち分は2分の1まで、相続でトラブルになる可能性も）
◎親が死亡したとき、債務が免除されない

【親子ペアローン】

メリット

◎親子別々にローンを組むので融資額を増やせる
◎親子の借入金額、返済金額、共有持ち分が明確
◎親が死亡したとき、親の債務が免除される

デメリット

◎多く借入れができるため、借りすぎが心配

プロからのアドバイス

親子リレー返済では、借入額を増やせますが、子どもに多額の借金を残すことのないようくれぐれも注意が必要です。

中古一戸建ての
住宅ローン

相談④ 買い替えの場合でも住宅ローンは借りられるの？

売却代金を残債に充てる「住み替えローン」

住宅ローンは一人一本が原則です。今の住まいの住宅ローンを完済していないと、通常の住宅ローンを新居用に組むことはできません。そのため、残債のある人がマイホームを買い替える際は、「住み替えローン（買い替えローン）」または「ダブルローン」を利用することになります。

前者の住み替えローンは、今の住まいの売却代金を返済に充て、それでも完済できなかった場合、「残債ぶん＋新居の購入代金」をまとめて借りるものです。

ただし、新居の購入用に借りられる金額はどうしても少なめになります。また、残債の額を確定させなければならないため、売却と購入の決済日を同日に設定する必要があります。たとえば、購入したい物件が見つかったら、急いで売却も成立させなければならないということです。実際に利用するのは、かなりハードルが高いといえます。

2本のローンを組む「ダブルローン」

一方、ダブルローンは今の住まいの住宅ローンはそのまま返済していき、それに加えて、新居用にもう一本別に住宅ローンを組むものです。前記した一人一本の原則から外れるため、ダブルローンに対応している金融機関はごく一部です。

住み替えローンとは異なり、売却と購入の決済日を同日にする必要がないため、売買をあわてずに進められる点はメリットです。ただし、残債が多いと、新居用の融資可能額は非常に限られるとともに、売却が長引けば、その間、2本ぶんのローンを返済していかなければならないことになります。こちらも利用のハードルは高くなっています。

住み替えにも使いやすい「フラット35」

そこで、現時点でおすすめなのが、フラット35で二重にローンを組む方法です（すでにフラット35で借りている人は除く）。基本的にはダブルローンですが、住み替えローンや一般のダブルローンと違って、借りられる金額が大きい点が魅力です。

どういうことかというと、同ローンでは、今の住まいの売却の意思を示すだけで（不動産会社との媒介契約書等を提出）、現在の残債はないものとして、新居用の借入可能額を審査してもらえるのです。

しかもダブルローンですから、売却と購入を同日決済にする必要もありません。売却が決まるまでの間、2本のローンを返済していかなければならないリスクはありますが、資金的にも時間的にも、じっくり住み替え先を探すことができるのです。

全期間固定金利のため民間ローンの変動金利等とくらべれば高くなりますが、将来の金利上昇リスクを考えれば、安心して住み替えることができます。

■「住み替えローン」「フラット35」を利用する主な流れ

住み替えローン

①現在の住まいの売却価格を、複数の不動産会社に査定してもらう
②査定価格などを参考に、住み替えローンを利用する金融機関に相談する
③住み替え先の売買契約を「買い替え特約」付きで結ぶ
④現在の住まいの売却と同時に住み替えローンの融資を実行してもらい、住宅ローンの残債と新居の購入代金を決済する

フラット35

①現在の住まいの売却価格を複数の不動産会社に査定してもらう
②住み替え先が決まったら、現在の住まいの売却を不動産会社に依頼して、媒介契約を結ぶ
③ローンを申し込む際に、媒介契約書を提出して、住み替えの意思を示す
④新居の住宅ローンの融資を実行してもらい新居の決済をする
⑤一時的に2つのローンを返済する
⑥前の住宅を売却し、決済と同時に前の住宅ローンを返済する

プロからのアドバイス

フラット35も通常のダブルローンと同じく、現在の住宅ローンを売却額で完済できないときは、自己資金で返済しなければなりません。査定価格よりも200万〜300万円安く売っても完済できるか、確認しておきましょう。

相談⑤ もし返済が厳しくなったらどうなるの？

まずは融資を受けている金融機関に相談

綿密な返済計画を立てていても、完済までは何十年とかかります。その間に不測の事態が起こることも十分考えられます。リストラ、倒産などによる突然の失業、交通事故や病気による長期入院といった理由で債務者が安定収入を得られなくなった場合、返済の負担は家計に重くのしかかってきます。

もし、返済の遅れが長く続くと、残債の一括返済を迫られ、物件を手放さなければならなくなることも出てきます。

だからといって、間違っても消費者金融など別の借入れでまかなおうなどと考えてはいけません。住宅ローンの35年返済、全期間固定金利がせいぜい1・3％前後であるのに対して、消費者金融の金利は概ね10〜18％程度。早晩、破綻することは目に見えています。

するべきことは、まず融資を受けている金融機関に相談することです。返済が遅れそうなときは、早め早めに手を打つのがポイントです。

返済方法の変更を交渉する

相談される側の金融機関は、思っているより好意的なはずです。なぜならば、担保となっている住宅を処分するにはそれなりに手間ひまがかかります。さらに、担保の処分にあたって元金が回収できるとは限らないからです。

ですから、何年、何十年ときちんと返済をしてきた実績があり、今後の返済を継続できる見込みがあれば、一緒に解決法を考えてくれるでしょう。

返済方法の変更で、よく行われるのは、「返済日の変更」「返済期間の延長」「一定期間の返済額の減額」「ボーナス返済の取り止め」などです。

もちろん、月単位、年単位の返済額を減らせば、短期的な支払い負担は減りますが、総返済額は増えることになります。

フラット35では、もっと具体的な制度化が図られていて、病気や離職などの事情で返済が困難になった場合、手数料不要で返済期間を最長15年延長できることになっています。

さらに、失業した人や収入が20％以上減少した人は前記に加え、元金の支払いを一時休止し、利息のみ支払う期間を最長3年まで設定できます。この場合、利息のみ支払う期間はその間の金利を引き下げることができる場合もあります。

不況などの理由でなくても、月々の返済に困るようなときには、手数料はかかりますが、返済方法の変更は可能です。

状況にもよりますが、長期にわたって返済が困難になる場合は、延滞金などで利息がふくらむ前に売却するなど、根本的な解決を図るほうが得策といえるでしょう。

■返済額を一定期間、減額する場合の例

〈プロフィール〉

融資額2,000万円、金利3.00％、25年返済、返済開始4年経過時点で適用の場合

減額前	毎月の返済額	7万6,970円
減額期間中（3年間）	毎月の返済額	5万0,000円
減額期間後	毎月の返済額	8万1,436円

Down / Up

※住宅金融支援機構のホームページを参考に作成

プロからのアドバイス

減額期間が終了した後の返済額は増加します。総返済額も増加することは承知しておきましょう。

中古一戸建ての
住宅ローン

相談⑥ 夫（ローン債務者）が死亡したとき返済はどうなるの？

債務者が夫だけなら住宅ローンは残らない

返済期間中に万一のことがあったときのために、民間の住宅ローンでは、ほとんどの場合、団体信用生命保険（団信）に加入させられます。

債務者が死亡したり、高度障害状態になるなどした場合、団信に入っていれば、保険会社が債務者に代わって金融機関に借入残高を支払うため、残された家族に住宅ローンは残りません。

団信は死亡保険の一つですが、すでに別の死亡保険に加入している場合でも、加入をおすすめします。団信はほかの生命保険とくらべて割安な保険だからです。

なお団信には、従来の死亡、高度障害状態に加え、がん、急性心筋梗塞、脳卒中の三大疾病を保障する商品も登場しています。リスクに備えたい人には、うれしい保険です。最近はさまざまな補償のついた団信を選べる金融機関も増えています。

連帯債務のときは保険にふたりで加入を

住宅ローンを組むときに夫婦で収入合算した場合（172ページ参照）も、連帯保証型ならローンの名義人が夫だけで、その夫が亡くなったとき、ローンのその後の返済は全額免除されます。

妻に返済義務が生じるのは連帯債務型ローンの場合か、夫婦が別々にローンを組んでいた場合です。夫婦ふたりでローン債務者になると、夫が死亡した場合、夫のぶんの返済については免除されますが、自分のローンは返済し続けなければなりません。住宅ローン減税を夫婦で受けられるというメリットがある一方で、万一のときのリスクは大きいのです。

とくに注意が必要なのは、連帯債務型で団信に加入できるのが、一人（主に契約者）だけという場合です。仮に夫だけが加入し、妻が加入していなかった場合、妻が死亡するなどした場合、妻の債務は免除されずに夫が引き継ぐことになります。もともと保険に加入していないわけですから、保障の対象とはならないわけです。こうした事態を避けるためには、保険料が2倍になったとしても、任意でもう一人も加入しておくことをおすすめします。

ただし、住宅金融支援機構の団信には連帯債務である夫婦で加入できる「デュエット」という制度があります。保険料としてフラット35（団信加入時）の金利に0・18％上乗せされます。どちらか一方の加入者が死亡または高度障害状態となった場合、夫婦の借入額全額が免除されます。唯一、マイナス点は三大疾病付き団信ではデュエットを利用できないことです。

また、親子リレー返済の場合も、親が高齢の場合、団信に加入できるのは連帯債務者となる子どもだけです。こちらは親の死亡時には、全額子どもが支払い義務を負うことになります。

■夫が死亡しても妻に返済義務が残るのはこんなとき

返済義務なし	返済義務あり
◎住宅ローンの債務者が夫だけのとき ◎夫婦で収入合算（連帯保証）したとき	◎夫婦で連帯債務型ローンを組んだとき ◎夫婦それぞれがローン（ペアローン）を組んだとき

ローンの債務者が誰であるかが重要！
自分名義のローンの返済義務は残る

プロからのアドバイス

収入合算した妻が死亡した場合、夫の収入だけではローンの返済が賄いきれないことも考えられます。生命保険などの妻の死亡保障を高めにかけておくような対策も必要かもしれません。

COLUMN

借入先は知名度より「条件」で選ぶ

「金利は低いけれど、ローンが下りてからが心配だな……」

金融機関の破綻や合併がめずらしくなくなった昨今、あまり知名度の高くない金融機関から融資を受けることは避けたいと思う人が多いかもしれません。しかし、お金を預けるのとは違って、住宅ローン選びのポイントは「条件のよさ」につきます。もし大手都市銀行より地元の信用金庫のほうが好条件で貸してくれるのであれば、そちらを選ぶべきです。

仮に借入先の金融機関がつぶれたとしても、その債権者が一括返済を迫りにくるといったことはありません。とくに信用金庫などの主たる顧客は中小企業の経営者たちですから、万一返済に困ったときなども、ある程度の理解を示して、解決策を考えてくれるはずです。

一方、大手銀行は「審査が厳しいのでは？」と思っている人が多いかもしれませんが、これも思い込みに過ぎません。

融資するかしないかは、各支店、各担当者の裁量にかかっています。たとえば、金利に幅がある場合、上をとるか下をとるかは、担当者の考えしだいです。利用者にとっては、金利交渉の余地は意外に残されているともいえます。

一般論ですが、経営状態のよい金融機関とそうでない金融機関があったとしたら、後者のほうが審査基準は厳しくなるものです。状態の悪い企業ほど、安全策を選びたがるものなのです。

金融機関の名前にとらわれず、金利などの条件を比較検討して、担当者の人柄などから信頼できると思ったところに申し込みたいものです。

第6章

失敗しない契約と法律の知識

購入申し込みから引渡しまでのスケジュール

気になる点や不明点は臆せず質問を

売主や不動産会社任せに、判を捺《お》していくのは考えものです。後悔やトラブルのないよう、自分で十分納得したうえで契約を進めるようにしましょう。

まず、購入したい物件が決まったら、不動産会社に「購入申込書」を提出。不動産会社はこの申込書を売主に提出し、契約の交渉をスタートさせます。

この際に、気になっている点は遠慮なく尋ねてもらうようにしましょう。建物についてはもちろんのこと、「隣家のピアノ教室の音は問題ないか」など、生活環境面の確認も大切です。

トラブルを避けるため必ず書面で確認

こうして、おおよその合意に達したところで、細部の詰めを行います。

具体的には、不動産会社の宅地建物取引士（有資格者）が買主に対し、権利関係や万が一契約を解除する場合の規定などの「重要事項説明」を行い、同時に「付帯設備」についての説明も行われます。これは、現況のガスレンジやエアコンなどの設備も売買対象に含まれるのか、またそれらの損傷や引渡しの有無などを確認するものです。

これらが承認されると、いよいよ「売買契約」を結びます。住宅ローンはこの段階で申し込まれ、審査には最短で2週間ほどかかります。

審査に通ると、最後に売買代金を決済。融資先の金融機関に売主・買主・不動産会社（仲介会社）・司法書士が集まり、所有権移転登記や代金支払いの確認をし、売主から買主に鍵が引き渡されます。

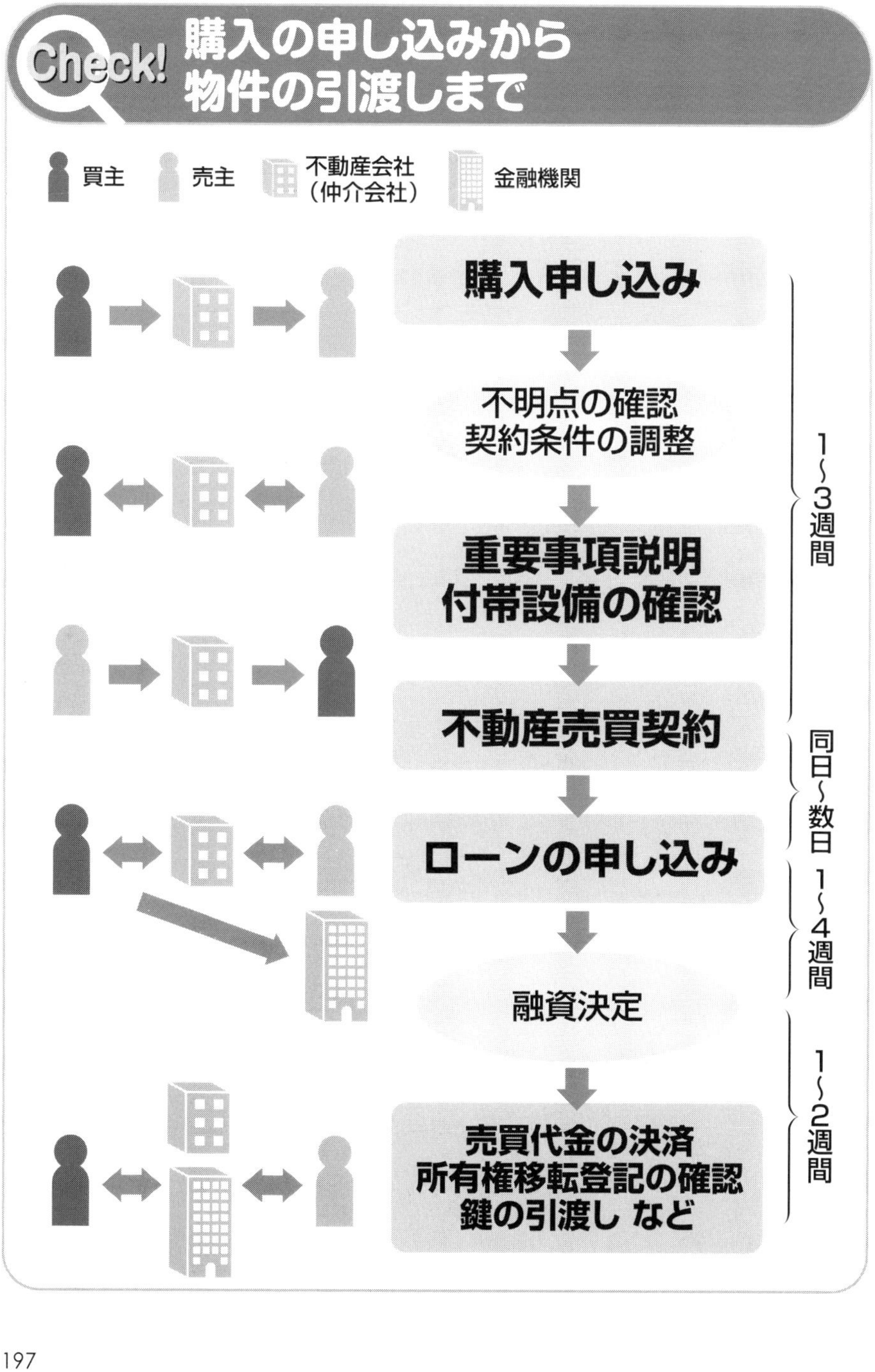
Check!
購入の申し込みから物件の引渡しまで
買主
売主
不動産会社（仲介会社）
金融機関
購入申し込み
不明点の確認
契約条件の調整
重要事項説明
付帯設備の確認
不動産売買契約
ローンの申し込み
融資決定
売買代金の決済
所有権移転登記の確認
鍵の引渡し など
1〜3週間
同日〜数日
1〜4週間
1〜2週間

中古一戸建ての

契約と法律

購入申し込みから引渡しまでにかかる費用

中古住宅では「申込証拠金」は不要

前項のスケジュールの各段階で、どういった費用が必要か見ていきましょう。

新築住宅を購入する場合は、購入申込書と一緒に、5万～20万円の「申込証拠金」を支払うことが多いようですが、中古一戸建ての場合、一般的に申し込みにあたって費用は発生しません。不動産売買契約時には、「手付金」が必要です。のちに頭金の一部になるもので契約成立の証拠となります。物件価格の5～10％が一般的ですが、手持ち金額が不足する場合は、売主・不動産会社に相談してみましょう。

また、この売買契約時に仲介手数料の半金を不動産会社に支払うことが多いようです。ただし、あくまで慣例ですので、話し合いでローンの融資実行後の支払いにすることも可能です。なお仲介手数料の上限は物件価格の3％＋6万円＋消費税です。

住宅ローンの融資実行とともに「残金決済」

最後にローンの融資実行にあわせて、「残金決済」が行われます。借入全額がいったん買主の口座に振り込まれ、購入代金の残金と固定資産税の買主負担ぶんが売主側の口座に振り替えられます。同じく仲介手数料の残金が不動産会社に振り替えられます。

前項で述べたように、この手続きは融資先の金融機関に売主・買主・不動産会社・司法書士が会し、金融機関の担当者のもと、通帳を確認。決済の完了をもって、買主に晴れて権利が移ることになります。

同席の司法書士が登記の変更に向かい、1週間程度で、買主のもとにいわゆる権利証が郵送されます。

Check! 購入の申し込みから物件の引渡しまでにかかる費用

不動産売買契約時

必要な費用

「手付金」
物件価格×5～10%

交渉の余地あり
たとえば、物件価格3,000万円の場合、
相場は150万～300万円

◎印紙税
一般的に、売主、買主それぞれが保有する契約書のぶんを負担

※このほか、仲介手数料の半金が必要な場合も

住宅ローン融資実行時

必要な費用

「物件代金残額」
「固定資産税（買主負担ぶん）」
「仲介手数料」＝物件価格×3%＋6万円＋消費税（上限）

◎司法書士報酬
◎登記手数料、印紙税などの諸費用 ほか

プロからのアドバイス

司法書士に支払う登記費用や報酬は、決済日に済ませるのが通常です。買主・売主のどちらが登記費用を負担するかは契約時に決め、買主が負担するケースが多いようです。また、仲介手数料は売買契約時に半金を払い、残金決済時に残りを支払う場合もあります。

契約前に必ず確認したい「重要事項説明書」の読み方

文字どおり重要な事項を説明

不動産売買契約を結ぶ前に、不動産会社は買主に、重要事項の書面での説明が義務付けられています。その書類が「重要事項説明書」です。

重要事項とは、敷地の権利や抵当権の有無、契約解除の取り決めなどのこと。大別すれば「対象物件」と「取引条件」の2つについて説明がなされます。

重要事項説明書の記載事項は、契約後に「聞いてなかった」「はじめの話と違う」といったトラブルがあっても、認めてもらえません。とくに中古物件では注意が必要です。

売買契約を結ぶ前に必ず内容確認を

前記のように、重要事項説明は「契約の前」に行えばよいことになっています。そのため、売買契約当日に一緒に済ませてしまうことがほとんどです。

きちんとした不動産会社では事前にコピーをくれますが、そうでなければ、頼んで入手してください。記載項目が多く、専門用語も出てくるため、当日、その場で確認・検討するのは困難だからです。

中でも念入りにチェックしたいのは、「抵当権」と「ローン特約」です。

中古一戸建てでは、ローンの返済途中で売り出されるケースもあるため、抵当権が残っている場合があります。抹消される時期などを確認し、売買契約書に明記してもらうようにします。

ローン特約は、融資が下りなかった際に、違約金なしで手付金を戻してもらうことを取り決めたものです。記載がないと、戻してもらえなくなります。

■重要事項説明書の主な内容とチェック事項

	項目名	記載内容	チェックポイント
対象物件に関する事項	登記簿に記載された事項	権利の種類や内容、登記名義人または所有者の氏名について	●登記簿謄本が添付されているので日付が最新のものか確認 ●登記簿の所有者と売主が異なる場合、両者間で売買契約が結ばれているか確認 ●抵当権が設定されている場合、いつ、どのように抹消されるか、契約書に明記してもらう（口約束ではダメ）
	法令に基づく制限の概要	都市計画法や建築基準法などに基づく制限について。将来、建て替えた場合など、どのような制限を受けるかがわかる	●「市街化調整区域」でないかを確認。該当すると一般住宅の建築はできない ●既存不適格物件（建てた当時との建築基準法の違いで、現状は違法建築となっている物件）の場合、建て替えた場合の影響を確認
	敷地等と道路との関係	接面道路が公道か私道か、建築基準法の定める敷地の接道義務を果たしているか	●敷地が幅員４m以上の道路に２m以上接していない場合、セットバックの対象となる
	私道負担等に関する事項	購入する物件に私道があるかないか	●敷地が私道にしか接していない場合、「道路位置指定（私道を建築基準法の道路として許可を得ること）」を受けていないと違反物件。道路位置指定を受けているか確認
	飲用水、ガス、電気の供給、排水施設の整備状況	飲用水は公営か、私営か、ガスは都市ガスか、プロパンガスか、など	●未整備の場合、整備予定があるかないかなどを確認
取引条件に関する事項	代金、交換差金、賃借以外に授受される金銭の額、金銭の授受の目的	手付金額や、固定資産税・都市計画税の売主との分担金などについて	●手付金が契約時には「売買代金の一部に充当する」と明記されているか確認　※固定資産税・都市計画税はその年の１月１日の物件所有者に支払い義務があるため、契約時に買主は売主に日割り計算で負担ぶんを預ける
	契約の解除に関する事項	契約を解除する際の取り決め。解約可能な期間や手付金の扱いなど	●「融資利用の特約による解除」という条項があるかを確認。この記載があれば、融資が下りないため契約履行できなかった場合に無償で手付金が全額返還される。記載されていなければ、必ず明記してもらうこと
	損害賠償の予定または違約金に関する事項	売主の責任で契約が解除される場合などについての違約金の取り決め	●損害賠償の予定額と違約金の合計額は売買代金の上限２割まで
	金銭の貸借に関する事項	住宅ローンから融資を受ける場合、貸し出し金融機関名や融資額など	●ここにも、融資が下りなかった場合の措置が「契約の解除に関する事項」の項目と同じ内容で記載されているか確認
	売主の契約不適合責任	物件の引渡し後に発見された問題について、いつの時点まで売主に責任が発生するかなど	●瑕疵に限らず、重要事項説明書・契約書に記載がなく、使用に耐えない不具合が対象。発見の期限を数カ月以内と設定しているのが通例。記載のある不具合は対象外なのできちんと確認する

中古一戸建ての
契約と法律

引渡し時の設備や建物状況がわかる「付帯設備表」と「物件状況報告書」

付帯設備表の確認で気をつけたいのは、設備がついているかどうかだけではなく、不具合や故障がないかなど、細かくチェックすることです。故障があれば撤去を求めたほうがよいケースもあります。

契約前の交渉が大原則

付帯設備以外の建物の状況については、「物件状況報告書」として書面化するのが一般的です（付帯設備表と一つになっていることが多い）。

雨漏りや配水管の故障、過去にそれらの修繕が行なわれたことがあるかなどが記載されます。

付帯設備や物件状況は、民法改正により契約不適合責任となったため、より重要なものとなりました。記載のある不具合箇所は売主責任の対象外となるため、細部まで確認する必要があります。

設備は売主のもの？　買主のもの？

重要事項説明書と同じく、売買契約を結ぶ前に確認したいのが、付帯設備の扱いについてです。

中古一戸建てでは、建物や土地（所有権の場合）が売買の対象に含まれるのは明らかですが、建物に備え付けられている設備がどこまで含まれるかはあいまいです。エアコンや照明器具、ガスコンロなど、売主が新居に持っていくこともあります。

そこで、設備が「価格」にどこまで含まれるかを明記するのが「付帯設備表」です。付帯設備表は重要事項説明書と違って、作成を義務付けられてはいません。しかし、常識ともいえるものなので、必ず作成してもらいましょう。そして、事前にコピーをもらって確認のうえ、契約にのぞむようにします。

Check! 引渡し時の設備や建物状況をチェック！

付帯設備について（例）

付帯設備表および物件状況等告知書

1．付帯設備表

「付」に○印のある設備等は、現況で売買物件に付帯されているものです。
「無」に○印のある設備等は該当の設備が無いか、あるいは売主が撤去するものです。
設備等には、経年変化および使用にともなう性能低下、損傷、汚れ等があります。

		設備名称	付帯の有無	設備の状態等
屋内設備	居室設備	照明器具	付（　台）・無	
		冷暖房機	付（3台）・無	（使用可・一部故障有り・使用不能）故障の状況
		冷房機	付（　台）・無	
		暖房機	付（　台）・無	
	水回り設備	風呂一式	付・無	
		換気扇	付・無	
		給湯機（ガス・電気・バランス釜）（号）	付・無	（使用可・一部故障有り・使用不能）故障の状況
		瞬間湯沸器	付・無	
		乾燥機	付・無	
		トイレ器具一式	付（2台）・無	（保温便座　有（　台）・無　洗浄器　有（　台）・無
		洗濯機用防水パン	付・無	
		洗面台	付・無	
	台所設備	ガスレンジ	付・無	（使用可・一部故障有り・使用不能）故障の状況
		電磁調理器	付・無	
		オーブンレンジ	付・無	
		流し台セット	付・無	
		レンジフード	付・無	

設備がついているかどうかだけでなく、実際に使えるかも確認すること。場合によっては、売主負担で撤去を依頼

物件状況について（例）

2．建物の状況　＊売主の瑕疵担保責任の範囲は、売買契約書に定められたとおりです。

(1)雨漏り	●現在まで雨漏りを発見していない。 ●過去に雨漏りがあった。（箇所：　） 修理：未・済　昭和・平成　年　月頃 ●現在雨漏り箇所がある。（箇所：　） 未修理のまま引渡し・売主負担で修理予定　平成　年　月頃
(2)シロアリの害	●現在までシロアリの被害を発見していない。 シロアリ予防工事済（昭和・平成　年　月頃） ●過去にシロアリの被害があった。（箇所：　） シロアリ駆除　昭和・平成　年　月頃 被害箇所の修理　未・済　昭和・平成　年　月頃 ●現在シロアリの被害がある。（箇所：　） 現状引渡し・売主負担で駆除予定　平成　年　月頃
(3)建物構造上主要な部位の木部の腐食	（有：箇所と状況　・無）
(4)給排水設備の故障	（有：箇所と状況　・無）
(5)その他	

3．土地の状況　＊売主の瑕疵担保責任の範囲は、売買契約書に定められたとおりです。

	配管	引込状況	第三者の配管埋設	第三者の敷地利用
(1)配管等	給水	敷地内配管（有・無） 接面道路配管（有・無）	不明・無・有	不明・無・有

この書類に記載されている事柄については、後で知らなかったとはいえない

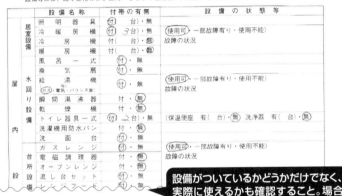

中古一戸建ての

契約と法律

権利関係を登記簿で再確認しよう

契約前に最新の登記簿を確認

登記簿にはこれまでの物件の履歴や所有者、権利関係の情報が記されています。重要事項説明（200ページ参照）の際にも、登記簿の写しが渡されますが、契約直前になるのが一般的です。

渡された登記簿が最新のものかチェックするためにも、事前に管轄の法務局に出向き、自らの目で確認すると安心です。

チェックのポイントは3つだけ

不動産登記簿の見方は、コツをつかめば難しくありません。不動産登記簿は、全体が「土地登記簿」と「建物登記簿」の2つに大きく分かれています（厳密には2種で一つ）。さらに、それぞれが「表題部」「甲区」「乙区」の3つで構成されています。

「表題部」は、土地登記簿の場合、所在・地番・地目（土地の利用目的）・地積（土地面積）などについて、建物登記簿の場合は、所在・地番・家屋番号・種類・構造・床面積などが記載されています。重要事項説明書の記載内容などに、違いがないかを確認しましょう。

「甲区」の記載は、所有者は誰で、いつ、どんな原因（売買、相続、差押え、仮処分など）で所有権を取得したといった情報です。ここでは、とくに売主と登記簿上の所有者が同一かを確認します。

「乙区」には、抵当権など所有権以外の権利が記載されています。抵当権が設定されていると、その債務を負わされる可能性があります。必ず購入前に抹消してもらわなければなりません。

Check! 不動産登記簿のチェックは所有者と権利関係を念入りに

■不動産登記簿の構成とチェックポイント

登記簿は、物件の所在地により管轄する登記所は異なるが、インターネットを使って検索や閲覧、交付申請ができる。詳しくは法務局のホームページ（https://houmukyoku.moj.go.jp）を参照

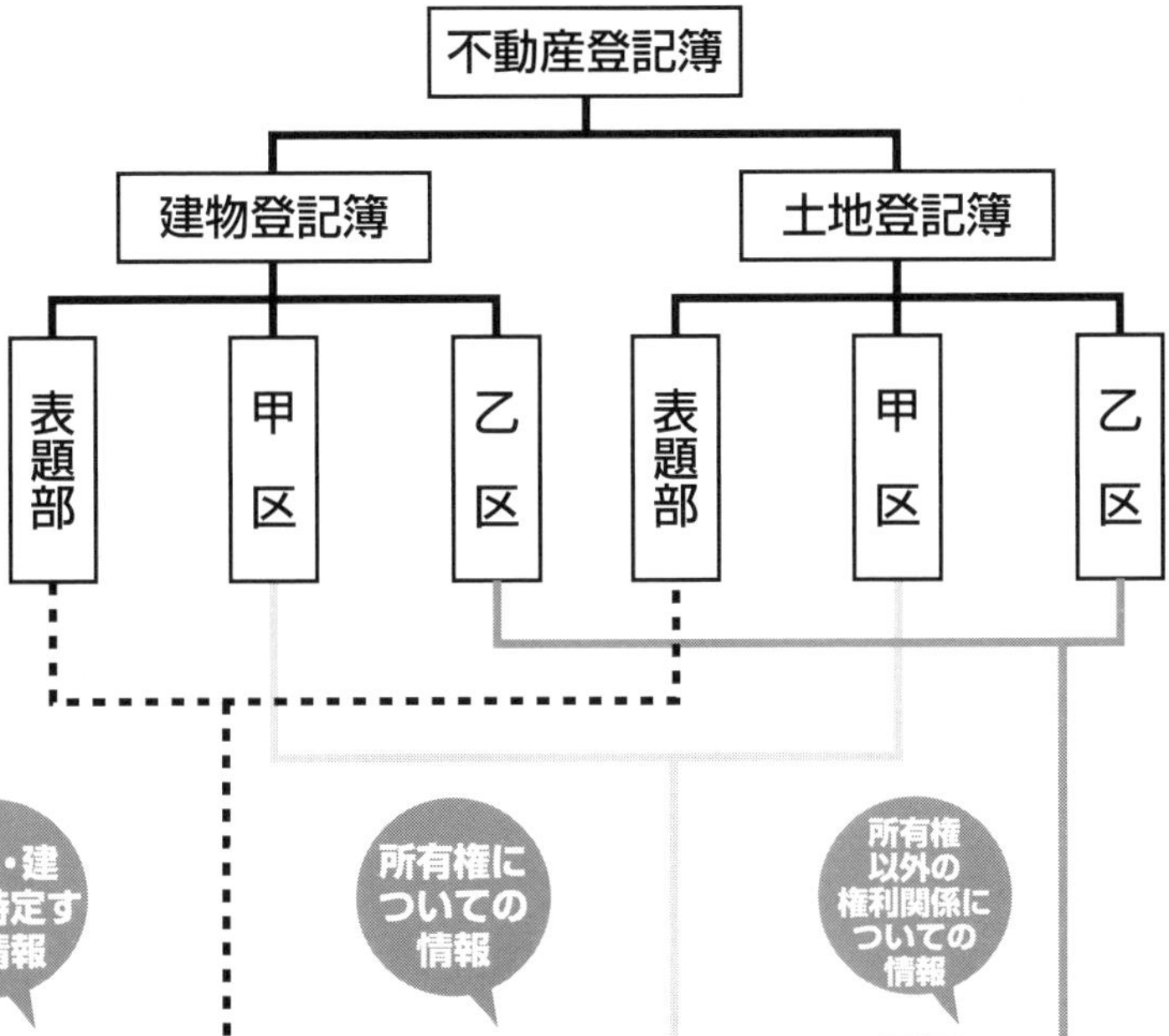

表題部のチェックポイント

・「広告物や重要事項説明書と違いはないか?」
違いがある場合、事情を確認。古くからの土地では、地積が現在の実測と異なる場合も。売買価格が実測と登記簿上の面積のどちらで決定しているか確認。

甲区のチェックポイント

・「売主は本当に所有者か?」
名義が違う場合は、その理由を確認し、慎重に対処する。売主と所有者が違う場合、所有者の知らぬところで売主が勝手に話を進めている可能性がある。

乙区のチェックポイント

・「抵当権がついていないか?」
抵当権が残っているということは債務が残っているという意味。そのまま買ってしまうと借金を負わされる可能性も。購入前に必ず抹消されることを条件としたい。

トラブルになりやすい敷地の境界をチェックする

意外に多い敷地トラブルに注意しよう

中古一戸建ての購入で、意外に問題になりやすいのが、隣地の敷地との境界がはっきりしないケースです。そのままにしておくと、隣家との間で屋根の先が境界を越えている、越えていないといったトラブルに発展することもあるので注意が必要です。

敷地の境界は、本来、土地測量の際に確定します。その際、土地の四隅などに打ち込まれる四角い杭を「境界標」といいます。この境界標の位置が図面と一致していれば問題ありませんが、違う場所にあったり、境界標そのものがなかったりします。

測量技術が今ほど発達していなかった時代に取引された土地となると、アバウトな計測状況のまま取引されていることも十分考えられるのです。

土地の面積も明確になっているか確認すること

そこで確認しておきたいのが、「地積測量図」です。これは土地の形状や面積を測量した結果を記した資料で、最寄りの法務局で閲覧することができます。しかし、なかには登記されず、地積測量図がない土地もあるので、購入時に注意が必要になります。

また、契約書には登記簿上の「公簿面積」ではなく、測量による「実測面積」を記載するのが通例です。とくに「公簿売買」と記載されている場合、実測値とズレがあると損得にかかわってきますので気をつけましょう（次ページ参照）。

敷地境界の確定は、売主が売買取引を円滑に進めるために済ませている場合もありますが、事前に仲介をする不動産会社に問い合わせましょう。

Check! 土地の売買契約は2種類 その違いをチェック！

■「公簿取引」と「実測取引」の違い

一戸建ての売買契約書には、測量による「実測面積」を記載するのが一般的。ただし、契約締結時までに測量が間に合わないときなどには「公簿面積」を記載する。

◎「公簿売買」と記載してある場合の注意点

- 登記簿上の面積を基準にして、売主が希望する金額で売買する方法。後日登記簿上の面積と実測値に違いが発覚しても、価格調整は行わない。
- 「売買対象面積」などの条項名で、「本物件の売買対象面積は、表記の面積とし、測量した面積との間に差異が生じたとしても、売買代金の増減の請求等は行わないものとする」と記されている場合も、価格調整は行わない。

敷地境界がはっきりしていないとトラブルになりかねないので注意！

◎「実測売買」と記してある場合の注意点

- 売主の希望する坪単価、㎡単価を設定し、それを基準に売買する方法。後日、土地を測量して、その面積に応じて土地の売買代金を決定する。
- 売主としては手間もコストもかかるため、嫌がられることが多い。地積測量図などがあり正確な土地面積がわかるのであれば、公簿売買でも問題はない。

プロからのアドバイス

「公簿売買」と「実測売買」の違いは、一言でいえば「土地代金の清算をするか否か」です。公簿売買をしたうえで、契約後に測量を実施するケースもあります。

後悔しないための「売買契約書」の見方

いったん契約すると後戻りはできない

「不動産売買契約書」を交わすにあたり、次の点を意識しましょう。

一つは、いったん契約を結ぶと、原則、後戻りはできない点です。住宅ローンを組む場合など、決済は契約後、ローンが下りてからとなります。そのため「買った」実感がわきにくいかもしれませんが、契約を結んだ時点で売買は成立しています。

厳しい決まりに思うかもしれませんが、出前を頼んだ場合とそう変わりありません。料金は後払いでも、注文した時点で契約は成立しています。

もう一つは、今まで話し合いの合意事項をまとめたものが売買契約書の中身だという点です。見方を変えれば、話し合われてこなかった内容、また合意内容と違った記載が契約書にあるとすればルール違反です。違反を犯したのは売主側ですから、臆する必要は一切ありません。十分納得のいく説明を受けるまで決して判を捺さないことです。

今までの合意内容が記載されているか

具体的には、売買契約書には、物件の登記内容や引渡し時期、また手付金や契約解除の決まりなどが記載されています。

物件についての記載はもちろんのこと、「重要事項説明書」に書かれていた手付解除や契約違反による解除、ローン特約による解除などの内容が漏れなく記載されているかを確認するようにしましょう。「付帯設備表」も添付されているので、その内容についても見直しましょう。

Check! 売買契約当日の流れと必要なもの

■売買契約締結の流れ

出席者：売主、買主、不動産会社
必要なもの：実印（共有者全員ぶん）／免許証など写真付きの身分証明書／手付金 ／契約印紙（収入印紙）

重要事項説明書の説明

↓

売買契約書の読み合わせ
記載の売買契約条件の確認

↓

売買契約書に署名、押印

↓

売主へ手付金の支払い
（198ページ参照）

↓

領収書の受け取り

この後、住宅ローンの申請を行ない、融資が実行されたところで残金決済、引渡しに

※このほか不動産会社へ、売買契約締結に伴う仲介手数料の支払いまたは支払約定書に記名

プロからのアドバイス

売買契約締結から引渡しまでの間に、火災、地震、台風などで、物件が消失したり、使用できない状態になってしまったときに、「契約が解除できる」「売主が修復する」などの条項が盛り込まれているかも、忘れずにチェックしてください。

中古一戸建ての
契約と法律

いったん結んだ売買契約を解除することはできる？

特約があるものは無償でOK

売買契約後の契約解除にはペナルティが発生します。とはいえ、誰にでも「急に転勤が決まった」「長期入院しなければならない」など、不測の事態により解除しなければならないことも実際にあり得るでしょう。

しかし、これまで見てきたように、一度結んだ売買契約の解除には、ペナルティが発生します。ペナルティが発生しないのは、契約約款に記載されている特殊な場合だけです。

「ローンの承認が通らなかった（ローン特約）」「手持ちの物件の売却代金から費用を捻出する予定が、一定期間内に希望額で売却できなかった（買い替え特約）」といった場合に限ります。

特約以外の解除には手痛いペナルティ

一方、買主の個人的な事情で解除する場合は、支払い済みの手付金を放棄しなければなりません。

こうした「手付解除」を行使できるのは、売主側が「契約の履行に着手する前」までです。ただ、「契約の履行」をいつと判断するかがあいまいなため、一般的には契約書に期限を定めて記載します。契約後、10日前後を期限とすることが多いようです。

この期限を過ぎてから解除する場合は、話し合いのうえ、改めて合意解除契約を結ぶことになります。買主側の契約違反ですから、相当な違約金を覚悟しなければなりません。ただし、売主側の契約違反が解除理由の場合は、一定期間、催告したうえで契約を解除し、違約金を請求できます。

Check! 買主と売主の都合による契約解除と違約金

 買主のペナルティなし　 買主にペナルティあり

ペナルティの有無	契約解除の理由
	**●ローン特約による解除** 住宅ローンの融資が下りなかった場合の解除。契約書に記載があれば自由
	**●買い替え特約による解除** 現在、住んでいる物件を売却して、購入費を捻出する予定が一定期間内に必要な額で売却できなかった場合の解除。契約書に記載があれば自由
	**●手付解除** 売買契約で手付金を支払ってから、契約の履行に着手するまでの間に、買主の都合で解除する場合は手付金を放棄
	**●契約違反による解除** 物件を引き渡してくれないなど、契約書の内容を売主が守らなかったときの解除。買主は、売主に一定期間の催告をしたうえで解除でき、違約金も請求できる
	**●契約不適合責任による解除** 212ページ参照
	**●手付解除期間後の買主の都合による解除** 売主と話し合いのうえ、新たな解除契約を締結。買主側の責任が問われ、契約書に記載された違約金が発生

中古一戸建ての契約と法律

住んでから問題を発見した場合、損害賠償は請求できる？

契約不適合物件は責任を追及できる

2020年4月1日より従来の「瑕疵担保責任」が新たに「契約不適合責任」に改められました。これまで売主に責任を問えるのは、実際に住み始めてから発見された隠れた瑕疵（不具合や欠陥）に対してだけでしたが、隠れていない不具合でも「契約内容に適合していない」場合は責任を追及できるようになりました。

また、請求期限もこれまで原則、納品後1年以内だったものが、事実を知ってから1年以内（ただし、納品5年以内で請求権は消滅）に変更されています。ただし、個人が売主の場合、瑕疵担保責任と同じく任意規定となっています。つまり、現実的には、責任の範囲等は売買契約書の取り決めによります。これまでの慣例でいうと、補償を受けられるのは1～6カ月程度です。注意してください。

不具合が見つかったら仲介会社に連絡を

問題に気づいたら、速やかに仲介会社（または売主）に連絡し、立ち会いの機会を設けます。立ち会いまでの間、写真や動画で記録しておくとともに、なるべく状況を保全しましょう。

なお、売主の合意が必要ですが、買主の費用負担で、中古住宅の検査と保証がセットになった「既存住宅売買瑕疵保険」に加入してもいいでしょう。売買の際、専門の建築士が検査を実施。購入後5年以内に欠陥が見つかった場合は、補修費用等が保険金で補てんされます。事業者や検査機関は国土交通省の「住まいの安心総合支援サイト」で検索できます。

Check! 瑕疵・不具合を見つけたらすぐに不動産会社（仲介会社）へ連絡！

■瑕疵・不具合を発見したときの解決手順

Action 1

瑕疵・不具合発見！

・契約不適合物件と認められる範囲は、契約書の記載事項による
・多いのは、雨漏り、シロアリの害、建物構造上の問題、給排水の設備の故障など

Action 2

不動産会社または売主に連絡

・契約不適合物件の保証期間は、個人が売主の場合、契約書の記載事項による
・通常は２カ月から長くて１年（売主が不動産会社の場合は２年以上）

Action 3

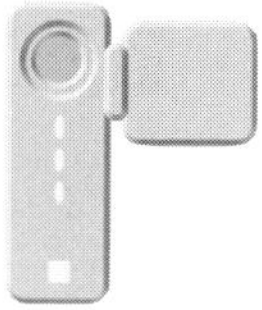

瑕疵箇所の保全

・責任の所在をはっきりさせるため、できるだけ現状を維持
・写真や動画で証拠を残す

Action 4

立ち会い

・売主の立ち会いのもと検証・確認
・修復の内容、期限を決定

プロからのアドバイス

瑕疵についての売主の責任範囲は、原則「修復」のみに限られます。買主は修復以外に損害賠償請求や契約の解除を求めることはできません。

中古一戸建ての
契約と法律

中古一戸建てでも値引き交渉は可能？

売り急いでいる物件は狙い目

中古一戸建ての価格は、基本的に土地価格で決まることを第1章でお話ししました。そのため、基本的に中古一戸建ては値引きしにくいのですが、ケースによっては有利に交渉できる場合もあります。

たとえば、売主が何らかの事情で物件を早く売却したいようなときです。「海外転勤が決まっている」「住み替えの購入費用を捻出したい」「離婚などで財産を分割したい」、また、「いつまでも買主が見つからない」ような物件では、値引きが期待できます。

ただし「事件・事故があった」「将来、近くに幹線道路が通り、環境の悪化が予想される」「権利関係に問題がある」などの理由で、売り急いでいる場合も考えられますから、くれぐれも物件自体の価値を見誤らないようにすることが大切です。

「新古住宅」も値引きの可能性大

「新古住宅」も値引きの期待は大です。新古住宅に明確な定義はありませんが、不動産広告では、「新築」と表示できるのは、建築から1年未満で人が住んだことのない物件に限られます。

人が住んでいなくても1年以上経過すると、広告等で未入居物件と表示されるのが一般的です。年数が経てば建物の価値は落ちていきますし、不動産業者にとっても維持・管理が手間となります。また売れない理由を勘ぐられるため、余計に売りづらくなります。そのため、不動産業者は多少の値引きをしてでも、早めに売ろうとします。もっとも、売れないなりの理由があるはずですから、判断は慎重に。

Check! こんなケースでは、値引きの可能性がある

売り急いでいる物件

海外転勤、財産分与、なかなか買主がつかない

新古住宅

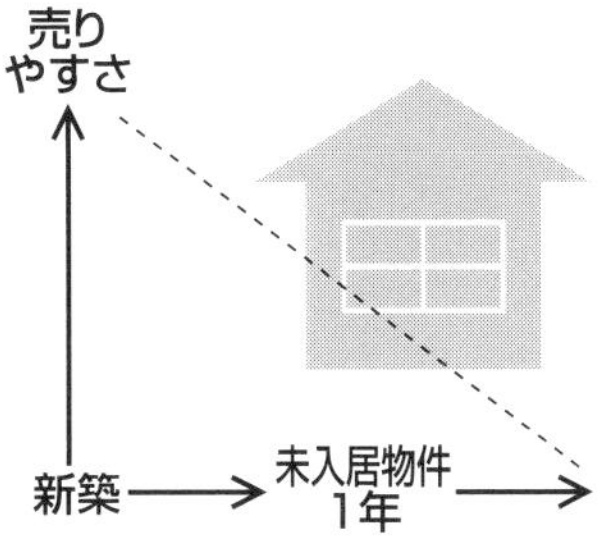

未入居期間が長くなる前に売ってしまいたい

不動産会社の決算期

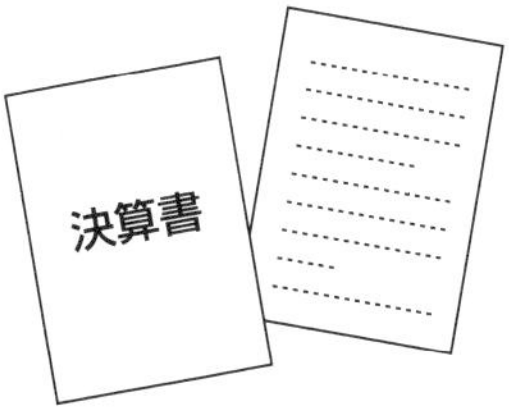

不動産会社の決算期は3月か9月が多い。業績UPのために多少の無理を聞いてくれることも…

仲介手数料

金額の上限が定められているだけなので、値引きに応じてくれることも

中古一戸建ての
契約と法律

中古一戸建てにもクーリング・オフは適用されるの?

中古一戸建ての大部分は対象外

ご存知のようにクーリング・オフは、突然の訪問販売などで、申し込みや購入の契約をしたものの、後から不安になったのでやめたいなどの場合に、契約から一定期間以内なら解除できる制度です。

業者には、クーリング・オフ制度の説明が書かれた書面の交付が義務付けられています。買主がその書類を受け取っていなければ、書面交付の義務を果たしていないため、いつまでも契約の解除が可能です。

中古一戸建てでも、不動産会社から書面を受け取ってから8日以内であれば、適用されます。ただし、それ以外にもさまざまな条件を満たしていなければなりません。

クーリング・オフの適用条件

まず、大前提条件として、不動産の売買では、「売主が不動産会社で、買主が業者ではない一般ユーザーである場合」でなくては、クーリング・オフは適用されません。中古一戸建ての大部分は「仲介物件」です。売主は個人となるため、ここでほとんどの物件が対象外となってしまいます。

さらに、売主が不動産会社だったとしても、「購入代金を全額支払っていない」「営業所や事務所以外に呼び出されて契約した」など、通常の不動産取引では、まず起こり得ない状況を満たしていなければなりません。中古一戸建てにクーリング・オフを適用できるとはいっても、有名無実。解約はできないと肝に銘じて、慎重な契約を心がけましょう。

Check! クーリング・オフでの解約は難しい！

■クーリング・オフが適用される場合（すべての条件を満たすことが条件）

◎売主が不動産会社
◎クーリング・オフの説明を受けてから8日以内
◎申し込みや契約が、不動産会社ではなく、喫茶店やホテルのロビーなどに呼び出されて行なわれた
◎物件の引渡し前で、売買代金をすべて支払い終えていない

■クーリング・オフが適用されない場合（一つでも当てはまれば適用の対象外）

◎売主が個人
◎専任の宅地建物取引士がいる場所での契約
◎不動産会社や販売代理店での契約
◎買主自身が、自宅や勤務先に呼び出しての契約

中古一戸建ての
契約と法律

定期借地権付き住宅の契約では、権利関係などを慎重に確認しよう

借地権には「地上権」と「賃借権」がある

80ページで紹介した定期借地権付き住宅は、割安で購入できるといったメリットがありますが、その半面、購入・契約の際には権利関係など、明確にしておかなければならない点がいくつかあります。

第一は、購入を考える物件の借地権設定期間がその満了までに何年残っているか。いうまでもありませんが、残りの期間しか住めず、その期日が来れば更地にして返却しなければなりません。

それまでの間に地主との交渉で土地の所有権を買い取ったり、期間終了後に新たに契約を結び直すことも可能ですが、地主の世代が替わるなど不確定な要素が多いですから、よほどの確証がない限り、それを前提に考えるのはやめましょう。また、借地権の内容を確認することが必要。定期借地権も含めて借地権には地上権と賃借権があり、地上権は所有者の承諾がなくてもその権利を売ったり、貸したりできますが、賃借権は承諾がないとできません。

保証金と権利金の2つのタイプ

購入するときに支払う代金の内訳を明確にする必要もあります。大きく分けると、土地の取得代金と建物取得代金、さらには月々支払う借地料があります。建物については所有権住宅と同様ですが、土地については、保証金と権利金の2タイプがあります。

保証金は、契約終了時に基本的に返還されるもの。権利金は、借地権を設定する際の対価として支払うもので、契約終了時に返還されません。保証金よりも低く設定されているのが一般的です。

Check! 借地権には2つの種類 地上権と賃貸権の違いを知ろう

借地権

	地上権	賃借権
売却・賃貸	所有者の承諾がなくても可能	所有者の承諾を得て可能
登記	所有権と同様に権利を登記	所有者の承諾を得て可能
住宅ローン	抵当権を設定して借入れが可能	抵当権の設定ができず制限あり

プロからのアドバイス

長期間の契約になるほど市場賃料の下落が大きくなって、将来、契約借地料が割高になることもあり得ます。借地料改定に関する規定を契約に盛り込んでおきましょう。

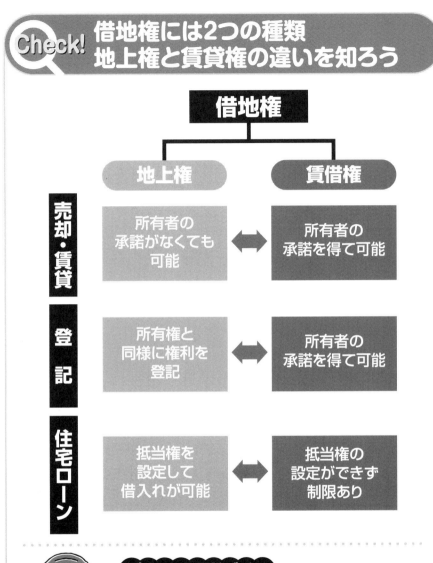

COLUMN

「競売物件」って何？

住宅ローンが払えなくなったり、抵当権を行使されて、所有者（債務者）が手放し、銀行などの債権者が裁判所を通じて競りに出した物件を「競売物件《けいばいぶつけん》」といいます。

一般の中古物件にくらべて、適正な価格で売却しなければならないという原則のもと入札によって行われるので、市価の7、8割と物件価格が安いというメリットがあります。

しかし、実際には最初の購入の目安となる最低売却価格は安めに設定されていても、人気の高い優良物件は高値で落札されています。

また、落札しても占有者がなかなか退去せず、訴訟や強制執行の手続きをとることになったり、第三者に賃貸されているケースもあります。物件のチェックも、外観を見る程度で内部には入れませんし、落札した場合には納付期限までに代金を一括して払う必要があります。

個人でも入札に参加できますが、そうしたデメリットがあることを認識しておきましょう。

■競売物件の入札手続きのおおまかな流れ

公　告	裁判所の掲示板や新聞などで公告
↓	
物件資料の公開	最低売却価格や入札スケジュールなど 裁判所の閲覧室で物件の資料を閲覧 現地へ行って物件のチェック
↓	
入札開始	入札書提出 入札保証金の納付（最低売却価格の20％）
↓	
入札終了・開札	
↓	
落札者決定	売却許可決定を受けて、代金納付・登記手続き 落札者以外は保証金返還

本書の協力者一覧

監修者

・NPO法人 日本耐震防災事業団

〒174-0076　東京都板橋区上板橋2-24-6
TEL 03-3559-7221
http://www.nittaibou.jp/

事業内容：全国での耐震診断の実施や耐震防災の地域安全化活動、講演会の開催、耐震プランナーの養成など

リフォーム設計・施工会社

・東京ガスリノベーション株式会社

〒142-0043　東京都品川区二葉2-9-15 NFパークビル2F
フリーダイヤル　0120-33-4937
https://rm.tgrv.co.jp

【監修者紹介】
小口悦央（こぐち えつお）
NPO法人 日本耐震防災事業団　理事長。板橋区防災懇談委員会委員、一級建築施工管理技士。総合建築業の現場監督などを経て、建設会社を設立。1995年、阪神・淡路大震災後には木造耐震住宅の専門家としてボランティア活動に従事。2001年、NPO法人日本耐震防災事業団を設立。全国での耐震診断実績は6000棟に上り、耐震プランナーを延べ2000名以上養成。また、耐震補強コンサルタントおよびアドバイス件数2000棟の実績を誇る。全国の地方自治体等への技術指導や講演活動、建物の耐震に関する不安や質問等の相談も受け付けている。監修書に『低コストの最新技術で地震に強い家に変える本』（洋泉社）、『まさか！の地震に強い住まい選び』（河出書房新社）がある。

STAFF／企画・編集：sumica（株式会社ノート／飯野実成）／土方のり子／小野憲太朗
カバーデザイン：中野岳人　カラーイラスト：佐藤隆志　DTP：D-Rise 椛澤重実

本書の内容に関するお問い合わせは、お手紙かメール（jitsuyou@kawade.co.jp）にて承ります。
恐縮ですが、お電話でのお問い合わせはご遠慮くださいますようお願いいたします。

※本書は、2019年5月に小社から刊行された『〔2019~2020年版〕10年後に絶対後悔しない中古一戸建ての選び方』を、2021年3月現在の最新情報に基づき、大幅に加筆・再構成したものです。

〔2021～2022年版〕10年後に絶対後悔しない中古一戸建ての選び方

2021年5月20日　初版印刷
2021年5月30日　初版発行

監修　小口悦央

発行者　小野寺優
発行所　株式会社河出書房新社
〒151-0051 東京都渋谷区千駄ヶ谷2-32-2
電話　03-3404-1201（営業）
　　　03-3404-8611（編集）
https://www.kawade.co.jp/

印刷・製本　株式会社暁印刷

Printed in Japan　ISBN978-4-309-28885-7